今日头条、抖音、火山、西瓜视频

运营一本通

叶飞◎编著

清华大学出版社

北京

内 容 简 介

　　本书包括12章专题内容、160多个干货技巧,从账号运营、内容打造、粉丝引流、带货卖货、流量变现等角度,帮助读者轻松掌握今日头条、抖音、抖音火山版以及西瓜视频等平台中媒体运营技巧。本书是今日头条、抖音、抖音火山版以及西瓜视频等平台中媒体运营的必备指南,全书从平台规则、吸粉引流、电商带货和变现技巧等方面,介绍了很多极具学习和借鉴意义的方法和技巧,帮助运营者打造更多爆款内容,吸引更多的粉丝流量,获取更多的变现收益。

　　适合阅读本书的人群有三类:第一类是今日头条、抖音、抖音火山版和西瓜视频平台中的媒体运营者与用户;第二类是互联网创业者;第三类是对这几个平台感兴趣的人。

图书在版编目(CIP)数据

今日头条、抖音、火山、西瓜视频运营一本通 / 叶飞编著. —北京:清华大学出版社,2022.2
ISBN 978-7-302-59933-3

Ⅰ.①今… Ⅱ.①叶… Ⅲ.①网络营销 Ⅳ.①F713.365.2

中国版本图书馆CIP数据核字(2022)第014844号

责任编辑:张　瑜
封面设计:杨玉兰
责任校对:李玉茹
责任印制:朱雨萌
出版发行:清华大学出版社
　　　　　网　　址:http://www.tup.com.cn,http://www.wqbook.com
　　　　　地　　址:北京清华大学学研大厦A座　　邮　　编:100084
　　　　　社 总 机:010-83470000　　　　　　　邮　　购:010-62786544
　　　　　投稿与读者服务:010-62776969,c-service@tup.tsinghua.edu.cn
　　　　　质量反馈:010-62772015,zhiliang@tup.tsinghua.edu.cn
印 装 者:北京博海升彩色印刷有限公司
经　　销:全国新华书店
开　　本:170mm×240mm　　　印　　张:15.75　　　字　　数:298千字
版　　次:2022年4月第1版　　　　　　　　　　印　　次:2022年4月第1次印刷
定　　价:69.80元

产品编号:093459-01

前言

"今日头条"是字节跳动旗下的自媒体创作平台，发展至今，其用户数量巨大，无数的内容创作者入驻该平台，创作出许多优质的文章。"抖音"是当下十分火爆的短视频平台之一，刷抖音现在已经成为大多数人的日常生活习惯之一。"抖音火山版"原是火山小视频，后来和抖音进行品牌整合升级，现在是抖音旗下的一个短视频平台，整合后，此平台得到了全新的发展。"西瓜视频"是字节跳动旗下的中视频平台，2020 年，其月活跃用户数超过了 1.8 亿，发展势头非常猛。

以上这 4 个平台都是字节跳动旗下的产品，现在市面上平台运营的书籍，将这几个热门的平台整合为一的几乎没有。因此，为了使读者一次性掌握多个平台中媒体运营的方法，笔者将这几个平台最精华的运营技巧梳理编成一本书，方便大家学习。

本书内容翔实，语言简洁，结构清晰，主要分为 12 章（因为抖音火山版属于抖音平台，是抖音 App 的特别版，故第 10 章火山号章节的内容归为抖音篇），其内容结构如下。

一、今日头条

（1）前期准备：主要介绍了今日头条的注册方法、认证类型及功能设置等操作，助力做好今日头条的运营准备。

（2）内容创作：主要介绍了头条文章的创作技巧，包括标题拟定、内容布局、文章配图、文字排版和内容排版。

（3）内容电商：主要介绍了头条内容电商的运营技巧，包括相关功能、平台规则、提高商品销量的技巧。

（4）头条直播：主要介绍了头条直播的玩法，包括直播功能、运营技巧等。

（5）变现方式：主要介绍了今日头条两种常见的变现方式：内容创作和用户赞赏。还介绍了其他 7 种变现技巧。

二、抖音、火山

（1）账号打造：从账号定位和运营要点两个方面帮助读者做好抖音运营的准备工作。

（2）吸粉引流：从为抖音账号吸粉和给微信平台引流这两个方面讲述抖音平台的

吸粉引流技巧。

（3）抖音电商：从视频带货和直播带货两个方面讲解抖音电商的带货技巧，从而增加商品销量和盈利。

（4）变现方式：从电商变现、广告变现以及内容变现三个方面来介绍抖音平台的变现方式。

（5）火山号：主要介绍抖音火山版的概况、运营技巧和变现技巧，帮助大家玩转抖音火山版 App。

三、西瓜视频

（1）入门须知：从平台介绍、作者权益、违规条例和机制流程四个方面讲述西瓜视频的基本概况。

（2）方法操作：主要讲解西瓜视频的内容创作和运营攻略，包括账号定位、选题技巧、视频文案的创作等。

需要特别提醒的是，在编写本书时，笔者是基于当时各平台和软件的实际操作界面截取图片，但本书从编辑到出版还需要一段时间，在这段时间里，软件界面与功能可能会有变化，比如有的内容删除了，有的内容增加了，这是软件开发商做的更新，读者在阅读时，要根据书中的思路，举一反三，进行学习。

本书由叶飞编著，参与编写的人员还有明镜，在此表示感谢。由于作者知识水平有限，书中难免有错误和疏漏之处，恳请广大读者批评、指正。

编　者

目录

第 1 章
前期准备：
注册认证和功能设置

学前
提示

　　今日头条是一个老牌的主流自媒体平台，其庞大的
用户流量和可观的平台收益吸引了许多优秀的内容创作
者入驻。本章主要介绍"头条号"的注册、认证和运营，
以及后台的功能设置。

1.1 注册途径：电脑端和手机端

注册头条号有两种途径：一种是在电脑上进行注册，另一种是在手机上进行注册。本节分别介绍这两种注册方法。

1.1.1 电脑端：头条号的注册方法

在电脑端注册头条号的具体操作步骤如下。

步骤 01 运营者进入今日头条官网首页，单击首页右上角的"头条产品"按钮，在弹出的下拉列表中选择"头条号"选项，如图 1-1 所示。

步骤 02 进入"头条号"页面，单击该页面上的"注册"按钮，如图 1-2 所示。

图 1-1 选择"头条号"选项　　　　　**图 1-2 单击"注册"按钮**

步骤 03 进入注册的页面，选择注册方式，如手机注册，则输入注册的手机号和图片验证码，如图 1-3 所示。

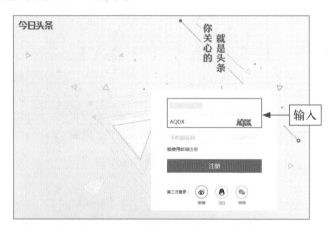

图 1-3 输入注册手机号和图片验证码

步骤 ⑭ 单击"获取验证码"按钮，把获取的验证码输入文本框中，单击"注册"按钮，如图 1-4 所示。

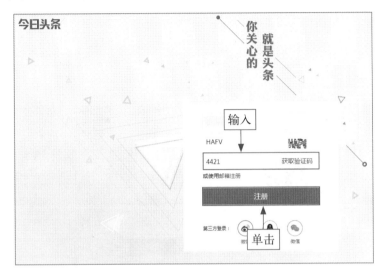

图 1-4 输入验证码并单击"注册"按钮

步骤 ⑮ 进入选择类型的页面，单击个人类型头条号下方的"选择"按钮（这里以注册个人头条号为例），如图 1-5 所示。

图 1-5 单击个人类型头条号下方的"选择"按钮

步骤 ⑯ 进入账号信息填写的页面，按照要求填写账号名称、账号介绍，并上传账号头像。选中"请同意《头条号用户注册协议》"复选框，单击"提交"按钮，如图1-6所示。

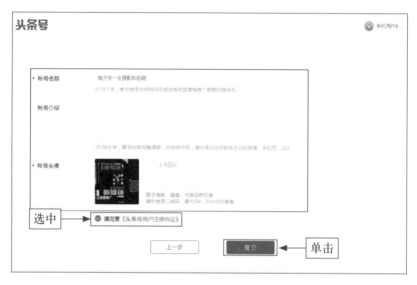

图 1-6　单击"提交"按钮

步骤 07　执行上述操作后，即可完成个人头条号的注册，完成实名认证以后，就可以在今日头条平台上发布内容了。

1.1.2　手机端：头条号的注册方法

运营者除了可以在电脑端注册头条号以外，还可以在手机端（今日头条App）注册，这是一种更方便的注册方式。在手机上利用手机号码注册头条号，其操作更加简便。图1-7为手机端注册头条号的流程。

手机端注册：

- 在今日头条App搜索「头条号」，进入头条号官网注册页面；
- 点击【注册】，上传头像，输入用户名称，完成头条用户帐号注册；
- 头条用户帐号申请成功后，点击【申请个人头条号】，进入头条号申请页面，填写对应资料；
- 提交资料后，点击【开始身份校验】，进行实名认证；
- 在【身份校验】页面提交身份证正反面照片，进行脸部识别，完成身份校验。

注：手机端仅支持注册个人头条号，企业、媒体、国家机构等请前往电脑端头条号官网注册。

图 1-7　手机端注册头条号的流程

不管是电脑端注册还是手机端注册，也不管是注册个人号还是机构号，都需要填写基本的账号信息，包括账号名称、简介、头像等。对于这些信息的填写，平台是有相应的审核规范的。图 1-8 所示，为账号信息规范。图 1-9 所示，为账号名称规范。图 1-10 所示，为简介规范。图 1-11 所示，为头像规范。

- 内容积极健康、阳光向上、宣扬正能量；
- 不含反动、色情、暴力、血腥、赌博等违法内容；
- 不含扰乱社会秩序、破坏民族团结等内容；
- 不含对他人人身攻击，侮辱、诽谤等内容；
- 不侵犯网络版权及其他知识产权以及用户权益；
- 不含其他违反法律法规、不符合平台规范的内容；

图 1-8　账号信息规范

- 名称中不得含有「今日」、「头条」等文字，易被用户误解为今日头条的官方帐号，不符合命名规范。如「今日美食」、「今日体育」、「头条娱乐」、「头条军事」等；
- 名称不得有色情低俗倾向；
- 名称不得含有营销推广等让用户产生误解的广告信息；
- 未经同意/授权名称不得冒充他人、企业、机构；
- 未经授权名称不得使用第三方品牌名称，包括但不限于节目名称、知名影视作品/人物、商标/品牌名称等；
- 名称不得涉及国家领导人或有**政治**倾向（国家机构、新闻媒体除外）；
- 名称不得使用易被误解为新闻媒体、国家机构等群体的文案；
- 名称不得含有虚假或者易引人误解的内容，不得含有欺骗、误导用户的信息；
- 没有相关专业资质时，名称不得使用与职业名称相关的专有名词；
- 名称不得单独使用疾病/医药/医疗器械相关的专有名词；
  ○ 疾病相关如「子宫肌瘤」；医药相关如「感冒药」；医疗器械相关如「呼吸机」等；

图 1-9　账号名称规范

- 财经、健康类帐号简介内容不得包含联系方式；
- 内容不得出现营销推广信息，非企业类别的帐号进行品牌推广；
- 内容不得包含恶俗、消极、敏感、色情等信息；
- 「个人」类型帐号不能描述为报纸、杂志等易被误以为是新闻媒体、国家机构相关内容；
- 非国家机构、新闻媒体头条号介绍不可包含时政、军事类（不包括装备武器）等内容；
- 药品、医疗器械、保健食品相关内容不得对所涉及产品的功效、安全性作出断言或保证；
- 房产、股票等财经类相关内容不得对升值或投资回报作出保证性的承诺。

图 1-10　简介规范

运营者在填写账号信息时，一定要注意遵守这些规范，否则就会影响审核的结果，也不利于账号的长期运营。

- 不得使用类似今日头条、抖音等字节跳动产品 Logo 的头像；
- 「个人」类型帐号不得使用第三方品牌Logo作为头像；
- 不得含有营销推广信息，如二维码、网址、联络方式等；
- 不得使用国家领导人照片或漫画形象作为头像；
- 非国家机构帐号不得使用国旗、国徽、党旗、党徽、团旗等作为头像；
- 非国家机构、新闻媒体帐号不得使用军装类(包含卡通漫画类)图片；
- 不得使用加V图片作为帐号头像；
- 不得使用美观度低，内容不健康、低俗、模糊的头像。

图 1-11　头像规范

1.2　头条认证：更多功能和权益

不管是哪种类型的头条号，都是需要进行身份校验的，也就是实名认证。运营者可以打开今日头条 App，在"我的"页面点击"个人主页"按钮，如图 1-12 所示，进入"个人主页"的页面，点击"申请认证"按钮，如图 1-13 所示。

图 1-12　点击"个人主页"按钮　　　图 1-13　点击"申请认证"按钮

进入"头条认证"页面，点击"身份未校验"按钮，如图 1-14 所示；再进入"身份校验"页面，如图 1-15 所示；最后上传身份证正、反面照片，输入对应的真实姓名和身份证号，进行人脸检测即可认证成功。

图 1-14 点击"身份未校验"按钮

图 1-15 "身份校验"页面

除了实名认证（身份校验）以外，头条号还有职业认证、兴趣认证、机构认证和企业认证。这几种认证分别适用于不同的账号类型，其详细说明如图 1-16 所示。同时，不同的认证对应着不同的权益，如图 1-17 所示。

职业认证：职业认证是今日头条对用户职业身份的肯定，通过职业认证的用户，认证信息除了在个人主页展示外，也会在内容页、搜索结果页等页面显示。
兴趣认证：兴趣认证是对用户在头条平台上的内容创作能力的认可，用户可以选择自己擅长/感兴趣的领域，通过持续输出垂直领域的优质原创内容，成为垂直领域创作者后可获得更多的曝光。
机构认证：是对国家机构、新闻媒体、社会组织等机构的认证，是平台对机构帐号真实性的官方认证。
企业认证：适用于企业，如需申请认证请在企业认证官网点击【开启认证】。

图 1-16 认证的内容说明

	职业认证	兴趣认证	机构认证	企业认证（初阶）	企业认证（高阶）
专属V标	√	√	√	X	√
认证信息	√	√	√	√	√
开通「图文赞赏」、「视频赞赏」、「热点图库」、「自营广告」等多项权益	√	X	X	X	X

图 1-17 不同认证对应的权益

是否可以获得这些认证与运营者的账号收益、粉丝量等没有关系，运营者也不能因此获得额外的权益。

1.2.1 职业认证：合法职业和身份

职业认证适用于拥有正当职业和附加身份的作者，比如医生、律师等，其申请条件如图 1-18 所示。

图 1-18　职业认证的申请条件

认证的入口就在之前的"头条认证"页面，点击"去认证"按钮进入即可（其他类型的认证都是，后面不再赘述）。职业认证的认证标准，包括认证职业范围和证明材料说明，其内容都可以在职业认证的页面点击链接查看，如图 1-19 所示。

图 1-19　职业认证的认证标准

1.2.2　兴趣认证：垂直领域的作者

兴趣认证适用于在某个领域持续输出优质内容的作者，其申请条件和认证标准如图1-20所示。

图1-20　兴趣认证的申请条件和认证标准

1.2.3　企业认证：企业以及群媒体

企业认证适用于企业和群媒体的账号类型，其申请条件的具体内容如下。

（1）账号类型需为企业或群媒体。

（2）账号状态为正常。

（3）用户名、账号描述和头像符合平台规则。

（4）运营者已上传手持身份照片。

（5）企业经营的主体行业不属于风险行业。

企业认证是自愿的，平台并不强制要求，没有进行企业认证也不会影响账号内容的发布。企业认证分为初级和高级两种，初级是免费的，高级是付费的。

1.2.4　机构认证：机构和媒体组织

机构认证适用于国家机构、新闻媒体以及其他作者，而且个人头条号是无法申请机构认证的。机构认证的申请条件如下。

（1）账号类型须为国家机构、新闻媒体、其他组织。

（2）账号状态为正常。

（3）用户名、账号描述和头像符合平台规则。

（4）须提交完整有效的注册资料。

图 1-21 所示为机构认证的审核标准。

认证审核标准

提交认证申请后，平台将按照以下规范对认证信息进行审核。如未通过，作者可在收到审核失败的提示后，重新提交认证申请。认证成功后，30天内不可修改认证信息。

原则

- 不超过30个字符；
- 认证信息应与账号主体保持强相关性，并以"官方账号"或"旗下账号"为后缀；
- 认证信息应清楚、明了、无歧义。

具体规范如下。

国家机构：

- 认证信息建议与《入驻申请信息表》中的账号主体保持一致；
- 一般认证格式为「xx省xx市xx局xx科官方账号」，其中省市县及政府单位名称一般最多保留两级，单位名称可简写；
- 例如：xx市xx区信访局宣传科官方账号、共青团xx市委官方账号。

新闻媒体：

- 认证信息建议与《账号申请确认书》中的账号主体，或营业执照/组织机构代码证中的机构主体保持一致；
- 例如：《xx报》官方账号、xx杂志社官方账号、xx电视台官方账号、xx卫视xx栏目官方账号、xx网旗下账号。

其他组织：

- 认证信息建议与《账号申请确认书》中的账号主体，或与营业执照/组织机构代码证中的机构主体保持一致。

图 1-21　机构认证的审核标准

目前，可支持自主认证的其他组织有以下几类，如图 1-22 所示。

类别	明细	示例
公共场馆	文化馆(活动中心)，图书馆(室)、博物馆(院)、美术馆、画院、艺术研究院(所)、风景区、体育馆等	xx博物馆官方账号；xx景区管理委员会官方账号；xx美术馆雕塑艺术展官方账号
公立/民办学校	中小学、幼儿园、大学、特殊教育学校，含大学院系、校内部处、机构组织	xx市特殊儿童康复中心官方账号；xx学校经管学院官方账号
公立医院	含旗下科室、研究所等	xx医院官方账号
公益机构	基金会、救助会	xx联合会官方账号；xx基金会旗下账号
公益机构	旗下活动/行动/工程/项目/赛事等，项目名称可加""	"xxx工程"官方账号；"xxx防治行动"官方账号；xx联赛官方账号
社团/协会	在民政部有备案可提供社团法人证书的社团协会，志愿者团体、协会、商会等	xx商会官方账号；xx协会旗下账号
其他民办非企业机构	民政机构、艺术表演团体、科技服务中心、中介服务（如评估咨询中心、人才交流中心）、法律服务所等	xx养老院官方账号；xx艺术团官方账号

图 1-22　可支持自主认证的其他组织

除了以上这几种认证之外，还有其他认证，比如创作能力证明、财经／健康资质证明，如图 1-23 所示。

图 1-23　创作能力证明和财经／健康资质证明

所谓创作能力证明的认证，就是通过关联其他平台的自媒体账号，来证明自己的创作能力，以便提高原创内容审核的通过率，如图 1-24 所示。而财经／健康资质证明是专门针对财经、健康领域的运营者而言的，在发布这类内容时，必须具备相关资质，不然内容将会被限流，如图 1-25 所示。

图 1-24　"创作能力证明"页面　　图 1-25　"财经／健康资质证明"页面

1.3　功能设置：头条号后台模块

在头条号后台，除了可以进行账号基本信息的设置外，还需要用到一些常用的功能。本节笔者就逐一来对这些功能模块进行介绍。

1.3.1　创作体裁：五种内容的形式

在头条电脑端后台的"创作"模块中，运营者可以进行五种形式内容的创作，即文章、视频、微头条、问答、音频，如图 1-26 所示。

1. 文章

在头条号主页，单击"文章"按钮，即可进入"发布文章"页面，运营者在这里可以通过编辑文章标题和正文内容来创作文章。同时，还可以根据自己的需要进行展示封面、声明原创等设置，如图 1-27 所示。

图 1-26　五种内容形式　　　　图 1-27　"发布文章"页面

编辑文章内容区域的右侧有个"发文助手"图标，它能够帮助运营者提升文章的内容质量，在你创作的过程中智能检测错误，并给出优化的建议，如图 1-28 所示。"发文助手"主要有三大作用，具体内容如下。

（1）能够检测出文章标题是否有"标题党"的嫌疑。

（2）能够检测出文章中的错别字，并匹配正确的词语。

（3）能够根据文章内容，推荐合适的配图。

2. 视频

"视频"模块是专门为做短视频内容的运营者提供的创作界面，运营者单击"视频"按钮，就可以进入"发布视频"页面。在上传视频文件时，运营者需要注意三个要点，具体内容如下。

（1）视频建议以 16 ： 9 的横版视频为宜。

（2）视频分辨率建议为 1920 像素 × 1080 像素或以上。

（3）视频大小不能超过 32GB，否则会上传失败。

图 1-28　发文助手

运营者还可以创建（视频）合集，如图 1-29 所示。

图 1-29　"创建合集"页面

3. 微头条

微头条有点儿类似于 QQ 说说和微信朋友圈，它的推广效果要远远强于其他的内容创作形式。

运营者在发布微头条时，单击"＃话题"按钮，同时还可以插入自己感兴趣或与内容相关的热门话题，如图1-30所示。

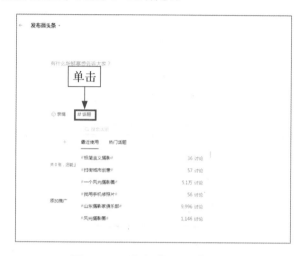

图1-30　单击"＃话题"按钮

4．问答

问答也就是悟空问答，它是一种通过回答用户问题来进行创作的内容形式，运营者可以选择自己擅长或者感兴趣的问题进行回答。

图1-31所示为"发布问答"页面。

图1-31　"发布问答"页面

5．音频

如果运营者的声音好听或者具有音乐创作的能力，还可以发布音频内容。图 1-32 所示为"发布音频"页面。

图 1-32　"发布音频"页面

1.3.2　管理模块：作品和评论页面

在管理模块中，运营者可以对所创作的内容和用户评论进行管理和设置。图 1-33 所示为"作品管理"页面。

图 1-33　"作品管理"页面

在"作品管理"页面单击"草稿箱"链接，即可进入"草稿箱"页面，如图 1-34 所示。这里保存的都是未完成或未发布的作品，运营者可以将其删除或选择继续编辑，完善内容后发布。

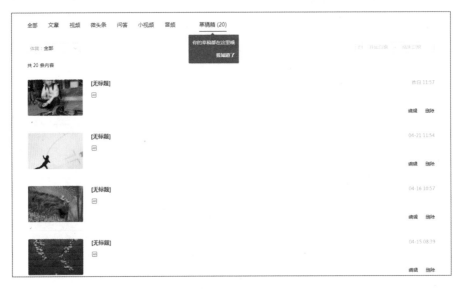

图 1-34　"草稿箱"页面

在"作品管理"页面中，运营者可以在对应的作品内容右侧进行查看数据、查看评论和修改的操作，单击"更多"按钮，还可以进行更多的操作，如图 1-35 所示。

图 1-35　单击"更多"按钮

在图 1-35 中，有些作品内容的"修改"按钮是灰色的，表示无法进行操作，这是因为该作品内容已经超过 14 天的修改期限，无法修改。

在"评论管理"页面，运营者可以对用户的评论进行回复、点赞和置顶，从而和用户进行互动。运营者也可以单击"⋯"按钮，进行举报和删除的操作，如图 1-36 所示。

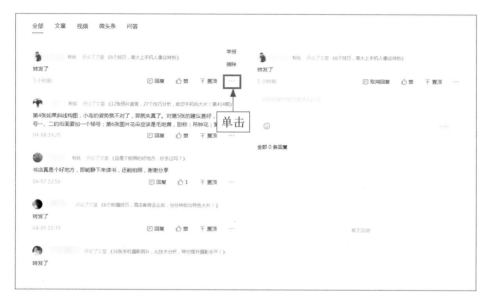

图 1-36　单击"⋯"按钮

1.3.3　数据模块：进行账号的分析

在"数据"模块中，运营者可以查看收益、作品、粉丝的相关数据。在"整体收益"页面，运营者可以查看每天具体的收益金额，也可以查看趋势图来直观地了解账号的收益波动，如图 1-37 所示。

运营者也可以单击某项收益来源类型单独进行查看。在该页面中单击"申请提现"按钮，跳转到"提现"页面，可以查看收益的提现明细，如图 1-38 所示。

在"作品数据"页面，运营者可以查看（整体或单篇）前一日的展现量（平台推荐量）、阅读（播放）量、点赞量和评论量。和收益数据一样，运营者也可以查看每天具体的作品数据和某段时间内的流量分析趋势图，如图 1-39 所示。

除此之外，还可以查看用户性别分布图、年龄分布图、地域分布图和机型价格分布图。通过这些图，运营者可以了解和分析自己的用户群体特征，以便更好地吸引精准用户流量。

图 1-37 收益数据趋势

提现日期	结算周期	收益合计(含税)	扣税	打款金额(税后)	打款状态	操作
2021-03-11	2020-11-05 ~ 2021-03-11	660.86	0	660.86	● 提现成功	提现详情
2020-11-05	2020-09-17 ~ 2020-11-05	665.08	0	665.08	● 提现成功	提现详情
2020-09-17	2020-02-13 ~ 2020-09-17	3,624.81	564.96	3,059.85	● 提现成功	提现详情
2020-02-13	2020-01-01 ~ 2020-02-13	862.16	11.43	850.73	● 提现成功	提现详情
2020-01-04	2019-10-01 ~ 2019-12-31	3,808.19	601.63	3,206.56	● 提现成功	提现详情

图 1-38 "提现"页面

在粉丝数据的"概况"页面，运营者可以查看前一日的粉丝变化数、活跃粉丝数、活跃粉丝占比和粉丝总数，也可以查看每天具体的粉丝数据和某段时间内粉丝数据的变化趋势，如图 1-40 所示。

图 1-39　流量分析趋势

图 1-40　粉丝数据的变化趋势

另外，还可以通过查看粉丝的性别、年龄、地域、机型价格分布图，以及粉丝偏好等数据来分析自己的粉丝特征。同时，在"粉丝列表"页面，运营者可以查看目前账号的粉丝总数，此外，还会显示每个粉丝的头像和昵称。在每个粉丝的头像和昵称下方，都有对应的"关注"和"私信"按钮，运营者可以通过这两个按钮和粉丝进行互动。"粉丝列表"页面如图 1-41 所示。

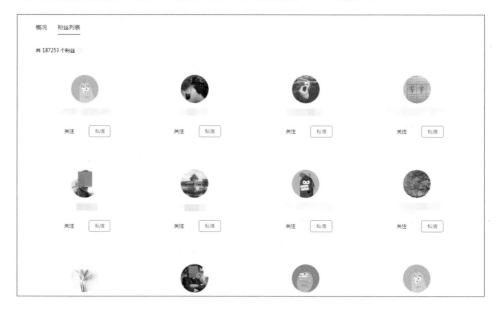

图 1-41　"粉丝列表"页面

1.3.4　工具模块：提升运营的效率

在"工具"模块中，有很多工具可以帮助运营者提升运营效率，让其更好地进行创作。接下来，笔者将要讲解头条号后台的功能实验室、原创保护，以及图片素材的相关内容。

1．功能实验室

今日头条的功能实验室包含创作、管理和变现这三种类型的工具。创作工具有懂车帝、番茄小说、西瓜直播、大纲编辑器；管理工具有小程序和合同管理；变现工具有头条小店、即合平台、巨量星图。图 1-42 所示为"功能实验室"页面。

2．原创保护

原创保护是今日头条平台为了保护内容创作者的权益而推出的功能，在"文章原创"和"视频原创"页面中，运营者可以查看原创内容被侵权、疑似侵权内容和维权等数据。如果运营者发现自己的某篇原创文章或某个原创视频被侵权了，就可以在对应的内容右侧单击"一键维权"按钮来维护自己的合法权益，如图 1-43 所示。

图 1-42 "功能实验室"页面

图 1-43 单击"一键维权"按钮

　　运营者如果想把自己的原创内容进行多平台分发的话，可以将其他平台的账号设置为白名单。这样，当运营者把在今日头条发布的原创内容再发布到其他平台时，就不会显示被侵权了。

3．图片素材

在图片素材功能中，平台为运营者提供的在线素材管理库，运营者可以在这里上传和储存自己的图片素材，以便在进行内容创作时随时调用。

1.4 补充完善：账号的其他操作

运营者除了要了解头条号的基础信息和功能设置以外，还需要掌握账号相关的其他操作，比如自助服务、账号信息修改、账号注销等。

1.4.1 自助服务：确保账号的安全

今日头条的自助服务包括账号被盗、找回账号和手机停机换绑等，运营者可在今日头条 App "我的"页面点击"用户反馈"按钮，进入"用户反馈"页面，找到"自助服务"，如图 1-44 所示。

图 1-44 "自助服务"入口

1．账号被盗

当发现头条号不小心被盗时，运营者可以通过开启锁定保护来保护头条号账号的安全，如图 1-45 所示。

2．找回账号

当忘记头条号的登录密码时，运营者可以通过查询登录方式来找回账号。例如，图 1-46 这个头条号可以选择 5 种验证方式来找回账号。

3．手机停机换绑

当头条号绑定的手机号码已停用，运营者可以通过手机停机换绑服务来更换绑定的手机号，如图 1-47 所示。

图 1-45　"账号锁定"页面　　图 1-46　"找回账号"页面　　图 1-47　"原手机号已停用"
页面

1.4.2　账号信息修改

当头条号运营的定位和方向发生改变时（如改变领域和类型），运营者就要相应地修改账号信息。接下来笔者就介绍头条号相关信息的修改方法。

头条号的基本信息包括用户名、简介、背景图等，运营者可以在今日头条 App 的"我的"页面中点击"⚙"按钮，进入"设置"页面，点击"编辑资料"按钮，如图 1-48 所示，进入"编辑资料"页面即可修改基本信息，如图 1-49 所示。

专家提醒

　　　　一个月内，运营者可更改一次用户名，还可以分别更改 5 次头像和简介。除了在今日头条 App 上修改以外，还可以在电脑端的头条号后台进行修改。

图 1-48　点击"编辑资料"按钮

图 1-49　"编辑资料"页面

除了可以修改头条号的基本信息之外，运营者还可以修改一些特殊信息，比如头条号的账号类型。图 1-50 所示，为更改头条号账号类型的规则。

原帐号类型（列）/变更后的帐号类型（行）	个人	企业	群媒体	其他组织	新闻媒体	国家机构
个人-尚未完成实名	——	允许	允许	允许	允许	允许
个人-已完成实名	——	允许，变更前的个人实名需为机构法人	允许，变更前的个人实名需为机构法人	允许，变更前的个人实名人需为机构法人	允许，变更前的个人实名人需为机构法人，需提交新闻媒体资质	不允许
企业	允许，只能转为法人的个人帐号	——	允许	允许，需民政部/民政局审批通过事业单位法人证书或社会团体法人证书	允许，需提交新闻媒体资质	不允许
群媒体	允许，只能转为法人的个人帐号	允许	——	允许，需民政部/民政局审批通过事业单位法人证书或社会团体法人证	允许，需提交新闻媒体资质	不允许
其他组织	允许，只能转为法人的个人帐号	允许	允许	——	允许，需提交新闻媒体资质	不允许
新闻媒体	不允许	不允许	不允许	不允许	——	不允许
国家机构	不允许	不允许	不允许	不允许	不允许	——

图 1-50　更改头条号账号类型的规则

如果运营者要更改自己头条号的账号类型，就需要登录电脑端的头条号后台进行操作。然后在"设置→账号详情→账号信息→头条号类型"选项的右侧单击"更改类型"按钮，如图 1-51 所示，即可进入更改账号类型页面，如图 1-52 所示。

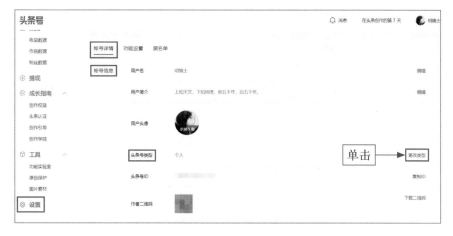

图1-51 单击"更改类型"按钮

图1-52 更改账号类型页面

1.4.3 账号注销

当运营者决定永远不再使用自己的头条号时，可以选择注销账号。注销头条号需要满足一定的条件，如图1-53所示。

在今日头条App的"我的"页面中点击"⚙"按钮，进入"设置"页面，再点击"账号与安全"按钮，然后进入"账号与安全"页面，点击"账号注销"按钮，如图1-54所示。

进入"申请注销账号"页面，在确定满足注销条件的情况下，选中"我已阅读并同意'注销协议'"复选框，然后点击"下一步"按钮，如图1-55所示。

注销条件

1.帐号财产已结清。

• 没有资产、欠款、未结清的资金和虚拟权益。

• 本帐号及通过本帐号接入的第三方中没有未完成或存在争议的服务。

2.帐号处于安全状态。

• 最近一个月内无绑定、修改手机号、找回密码、修改密码等操作。

• 当前帐号非封禁状态且180天内无处罚记录。

3.帐号已解除与其他产品的授权登录或者绑定关系。

4.无任何纠纷(包括投诉举报)。

图1-53　注销条件

图1-54　点击"账号注销"按钮

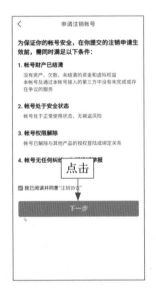

图1-55　点击"下一步"按钮

最后输入平台自动发送的验证码，提交注销申请即可。注销申请提交后，工作人员会在7天内进行审核，运营者可查看审核结果并最终确认注销账号，如此便注销成功。注销成功后，绑定的相关身份证、手机号等就可以再次绑定新的头条号。

专家提醒

　　需要注意的是，注销账号属于不可逆的操作，运营者在进行此操作前需要慎重考虑。否则，一旦头条号被注销，对于已经拥有一定粉丝量的运营者来说，是一个不小的损失。

第 2 章
内容创作：
打造火爆的文章

学前提示

要想打造爆款的头条文章，运营者就需要掌握文章内容的创作技巧，从而增加文章的阅读量。本章笔者将从文章标题、内容布局、配图和排版等方面来介绍头条文章的创作技巧，帮助大家打造优质的文章。

2.1 规避"雷区"：标题创作的错误

标题是用户了解头条内容的第一步，决定了用户对运营者内容的第一印象。因此，不管是何种内容形式，运营者都要撰写一个有吸引力的好标题，以此来增加内容的点击量。

运营者在创作标题的过程中，要遵守平台规范，不要为了吸引用户、获取用户流量而不择手段，做"标题党"，否则，将会遭到平台的严厉打击，面临限流甚至扣分的处罚。

在头条内容的标题创作中，运营者有以下三个方面的误区要避免，即标题夸张、文不对题、格式不规范，具体内容如下。

2.1.1 标题夸张：夸大内容的事实

通过夸大内容事实来引起用户的兴趣，达到让用户点击标题的目的，是很多内容创作者和文字编辑人员屡见不鲜的手段之一，但是，在今日头条平台这种行为是不被允许的，因为它有"标题党"的嫌疑。

运营者在撰写标题时，以下这三种标题类型不宜使用，如图 2-1 所示。

不宜使用的三种标题类型	
	夸张式：将标题内容进行夸张描述，耸人听闻
	悬念式：滥用转折词语，隐藏关键信息，故弄玄虚
	诱导式：故意采用警告、恐吓等方式诱导用户点击

图 2-1 不宜使用的三种标题类型

2.1.2 偏差歧义：文不对题

头条内容标题写作的另一个"雷区"就是标题和内容的意思有偏差，这也是"标题党"经常使用的套路。这种错误主要有以下三种情况，具体内容如下。

（1）标题有歧义：故意模糊信息要素，或者缺少主体信息，让人产生误会。

（2）题文不符：标题和内容对某项信息的描述不一致。

（3）封面不符：封面和内容无关，且封面和标题的结合让用户产生误会。

2.1.3 六种错误：格式不符合规范

今日头条内容的标题有相应的格式规范，运营者在撰写标题的过程中，通常会犯以下六种格式错误，如图 2-2 所示。

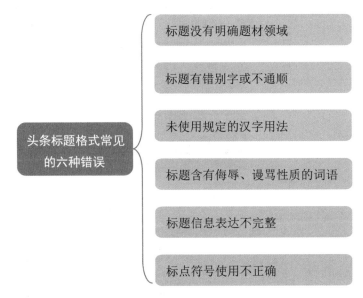

图 2-2　头条标题格式常见的六种错误

2.2　内容布局：头条文章的形式

在头条文章的内容创作过程中，运营者可以灵活进行内容布局，使用多种文章形式，从而给用户带来更好的阅读体验。本节笔者就来为大家介绍几种常用的头条文章形式。

2.2.1　图文结合：减少阅读的枯燥

图文结合式，顾名思义，就是把图片和文字结合起来展示的一种形式。很多文章采用的都是这种形式，十分常见。

在创作图文结合的文章时，笔者建议至少配三张图片，如果文章的配图少于三张，则无法设置。当然，文章的配图数量也不要太多（视领域类型和内容而定），如果文字太少而图片过多，则会降低文章的阅读体验。

多张图片的形式适用于展示产品、风景以及人物等内容，一张图片后接一段文字，可以对图片中的内容进行介绍，让用户看得更清楚、更明白。当然，图文结合式也要注意排版的合理性，如文字、图片的大小，段落的长短。

图 2-3 所示为图文结合的头条文章。

图 2-3　图文结合的头条文章

2.2.2　插入视频：提升阅读体验

在一篇文章中，除了由文字和图片组成以外，还可以插入视频。相比文字和图片，视频更具有视觉冲击力和吸引力，能在第一时间快速地抓住用户的眼球，从而达到理想的营销效果。图 2-4 所示为插入视频的头条文章。

图 2-4　插入视频的头条文章

2.2.3　插入音频：增加用户的乐趣

除了插入视频外，运营者还可以在文章中插入音频，从而增加用户阅读时的乐趣，就像在听有声小说，非常享受。图 2-5 所示为头条号"蕊希"发布的一篇插入音频的头条文章。

图 2-5　插入音频的头条文章

2.2.4　问答形式：解决用户的疑惑

相较于文字陈述的方式，问答方式的文章内容更加容易阅读和理解，也更有利于解决用户的问题并增加信任度。因此，在头条文章的撰写过程中，问答式的文章形式也是一种效果较好的创意构思。图 2-6 所示为某头条号发布的问题形式的头条文章。

图 2-6　问答形式的头条文章

在图2-6中我们可以看到，该文章内容正是以问答的形式而展开的。问题是："为什么，跟着基金经理炒股，反而还炒不好呢？"然后紧接着就说明原因。

2.2.5 层递形式：内容的逻辑性强

层递式布局，即层层递进的内容布局，其优点是逻辑严谨、思维严密，按照某种顺序将内容一步步展开，能够增强文章的逻辑性。图2-7所示为头条号"半佛仙人本仙人"的文章内容。

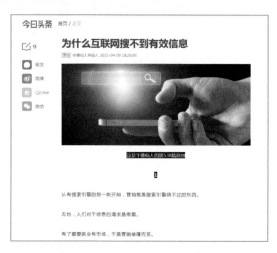

图 2-7　层递式的头条文章

该运营者正是采用这种层层递进的文章形式来解释"为什么互联网搜不到有效信息"这个问题的。另外，层递式文章还有一个显著的特征，那就是文章各部分的内容都会用序号来归纳。

2.3　文章配图：需注意三个事项

图片素材是文章创作的重要组成部分，素材的质量和搭配合理是打造优质文章视觉效果的前提。本节笔者就来讲解头条文章在配图时需要注意的事项。

2.3.1 图片颜色：色调和主题相配

在选择文章的配图时，图片的色调要和文章主题内容相配，比如轻松愉快的内容适合搭配色彩明亮的图片；话题沉重的内容就需要搭配深色系的图片。

一般来说，大多数运营者会根据自己特定的写作风格或文案内容来决定图片的配色，以便形成自己的特色。图2-8所示为图片色调和主题内容相配的文章。

在图2-8的案例中，文章的标题（主题）为"每个人都有一些别人不懂的坚强",用户一看这个标题就会感觉心情比较沉重,于是搭配了一张黑白色的图片,让人有一种"世界末日"的感觉。

图 2-8　色调和主题相配

2.3.2　图片尺寸:大小合适且清晰

配图除了需要注意颜色的搭配之外,还需要选择合适的尺寸,确保图片能够清晰地显示。图片的清晰度和图片的像素、尺寸大小以及文件格式有关,因此,运营者在选择配图时,要尽量选择像素高的图片和 PNG 格式的图片(因为 PNG 格式比其他图片格式的清晰度相对来说要高)。

另外,需要注意的是,头条文章的封面图尺寸必须是横图,如图 2-9 所示。

图 2-9　头条文章的封面图

2.3.3　动态图片：增加文章趣味性

在很多文章中经常可以看到有趣搞笑的 GIF 动态图片，也叫作动态表情包。动态图片相对于传统的静态图片而言，表达更加生动形象，视觉效果更好，因此能获得大批用户的喜爱，给用户带来非常愉快的阅读体验。

图 2-10 所示为含有动态图片（动态表情包）的头条文章。

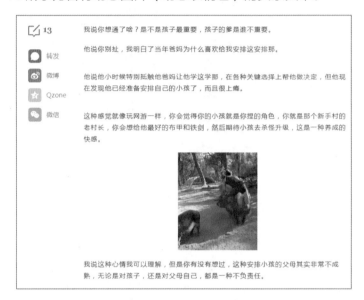

图 2-10　含有动态图片（动态表情包）的头条文章

虽然动态图片的效果和体验非常好，但是给用户增添乐趣的同时，运营者也要注意与文章的内容相匹配。

2.4　文字排版：增强文章的美观度

在文章的排版方面，除了配图以外，另外一个重点就是文字排版。本节笔者就从字号大小、字体加粗、字体颜色以及间距设置的方面来讲解头条文章的排版技巧。

2.4.1　字号大小：选择合适的字号

关于头条字号大小的选择，笔者认为需要把握两个方面：一是阅读体验，字号不能太小，必须让用户在阅读时能够一眼就能看得清，头条号后台的字号大小默认设置为 17px，运营者可以在这个基础上进行调整；二是内容排版，字号不能太大，因为字号过大会导致文章显得冗长。

2.4.2 字体加粗：突出重点内容

运营者在撰写文章时，如果需要突出文章的重点内容，则可以进行字体加粗设置。图 2-11 所示为设置字体加粗的头条文章。

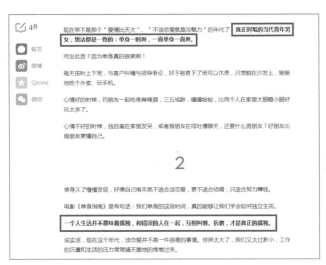

图 2-11 设置字体加粗的头条文章

2.4.3 字体颜色：区分不同的内容

除了可以用字体加粗的方法以外，还可以通过选择不同的字体颜色来区分文章不同的内容。图 2-12 所示为设置不同字体颜色的头条文章。

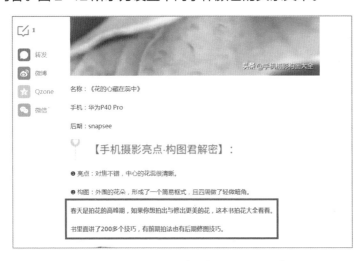

图 2-12 设置不同字体颜色的头条文章

2.4.4　间距设置：突出文章的层次感

在头条文章内容的排版中，一个非常重要的工作就是间距的设置，包括字间距、行间距、段前距和段后距。关于间距的设置并没有固定的行业标准，运营者可以根据自己的需要进行设置。

运营者在进行间距的设置时还要考虑三个方面的因素，即文章的美观性、用户的阅读体验感、文章内容的结构。图 2-13 所示为头条号后台"发布文章"页面的"间距"设置入口。

图 2-13　"间距"设置入口

在设置文章内容的间距时，运营者要注意，段间距是一定要大于行间距的，这样才能区分段落。另外，一句话也可以作为一个段落来排版，如图 2-14 所示。

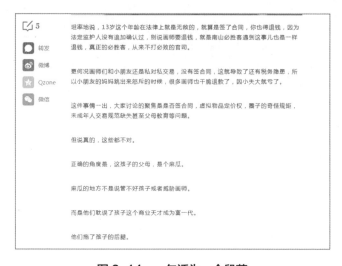

图 2-14　一句话为一个段落

2.5　内容排版：文章的版式元素

　　运营者要想发布的文章获得较高的阅读量，就不得不掌握文章排版的小技巧。而要做好文章的排版，首先应该弄清楚文章所需的版式元素，只有具备相应的版式元素，才能使发布的文章带给用户良好的阅读体验。本节笔者主要介绍头条文章各部分所需的版式元素。

2.5.1　引导关注：吸引更多的粉丝

　　要想自己的头条号吸引更多的粉丝，运营者可以在文章的开头或结尾处设置引导关注的话语，这也是许多内容创作者常见的吸粉手段之一。图 2-15 所示为在开头处设置引导关注话语的头条文章；图 2-16 所示为在结尾处设置引导关注话语的头条文章。

图 2-15　在开头处设置引导关注话语的头条文章

图 2-16　在结尾处设置引导关注话语的头条文章

2.5.2 分隔线：划分不同内容模块

分隔线是将文章中两个不同部分的内容分隔开来的一条线，它的形式不仅可以是线条这种形式，还可以是图片或者其他的分隔符号，运营者可以根据需要来进行设置。图 2-17 所示为设置了分隔线的头条文章。

图 2-17　设置了分隔线的头条文章

第 3 章
内容电商：
掌握商品的营销

学前提示

　　不管是哪个自媒体平台，内容电商都是内容创作者热衷的变现玩法之一。本章主要介绍头条号的内容电商玩法，包括头条内容电商的功能介绍、头条内容电商的平台规则，以及头条小店运营的方法和技巧，帮助大家玩转今日头条平台内容电商。

3.1 了解基础：内容电商的功能

内容电商和直播带货一样，是一种新型的电子商务模式，也是头条号运营者需要掌握的运营技巧。本节笔者主要介绍头条内容电商的工具及功能、电商平台的账号绑定，以及商品卡的玩法技巧等。

3.1.1 入门前提：内容电商的工具

要想玩转头条内容电商，运营者先要了解一些相关的工具及功能，即头条号的商品卡、商品橱窗和头条小店。

1. 商品卡：多元化的内容变现工具

商品卡是今日头条平台为运营者提供的变现工具。开通此功能后，运营者可以在内容中插入商品卡，如果用户点击商品卡购买商品并确认收货，那么运营者就可以获得一定的佣金收入。

专家提醒

运营者不要发布低质或含有违规信息的带货内容，否则会被扣除信用分，严重的甚至会封禁账号。

2. 商品橱窗：商品推荐的展示位置

运营者开通了商品卡功能以后，在今日头条 App 的个人主页会显示商品橱窗，如图 3-1 所示。但是，只有在橱窗中添加了商品，个人主页才会显示商品橱窗。

那么，运营者该如何在橱窗中添加商品呢？其具体操作步骤如下。

步骤 01 进入今日头条 App 的"我的→创作中心"页面，点击"展开"按钮，点击"电商工具箱"按钮（需要开通商品卡功能），如图 3-2 所示。

步骤 02 进入"商品橱窗"页面，点击"橱窗管理"按钮，如图 3-3 所示。

步骤 03 进入"商品橱窗管理"页面，点击"添加商品"按钮，如图 3-4 所示。

步骤 04 进入"添加商品"页面，点击对应的"加橱窗"按钮，如图 3-5 所示。

步骤 05 执行操作之后，回到"商品橱窗管理"页面，这时就可以看到已添加的商品，如图 3-6 所示。

步骤 06 运营者也可以在左侧选中对应的商品，这时右下角就会显示"移除"

按钮，点击"移除"按钮，如图 3-7 所示；弹出询问的弹窗，点击"确定"按钮，即可删除商品，如图 3-8 所示。

图 3-1　个人主页的商品橱窗展示

图 3-2　点击"电商工具箱"按钮

图 3-3　点击"橱窗管理"按钮

图 3-4 点击"添加商品"按钮

图 3-5 点击"加橱窗"按钮

图 3-6 "商品橱窗管理"页面 图 3-7 点击"移除"按钮 图 3-8 点击"确定"按钮

3. 头条小店：专业的电商变现工具

头条小店是今日头条平台为运营者提供的电商变现工具，从而增加运营者的变现途径和变现收益。

运营者开通了头条小店功能之后，店铺会在运营者的今日头条、西瓜视频、抖音等平台的账号主页中显示（因为这几个平台都是今日头条旗下的产品）。图 3-9 所示为头条号"科学钓鱼"在今日头条和西瓜视频账号主页显示的头条小店。

图 3-9　今日头条（左）和西瓜视频（右）账号主页的头条小店

头条小店的商品可以通过文章、视频和直播等方式发布并展示，从而既可以让用户浏览优质的内容，又方便用户直接购买商品。

运营者要想开通头条小店，需要满足以下 4 个条件，具体内容如下。

（1）运营者必须是个体工商户或企业。

（2）允许广告商家升级为头条小店。

（3）部分开店入驻的类目必须使用商标入驻。

（4）运营者必须有入驻资质，如通用资质等。

3.1.2　PID 代码：绑定联盟的账号

在做头条内容电商时，运营者可以绑定淘宝联盟 PID 和京东联盟 PID（PID 是对应每个电商推客账户的代码，相当于推客的身份证，用来识别推客的身份），它决定着你的佣金收入归属，所以千万不能弄错。

那么，在哪里绑定淘宝和京东的 PID 呢？运营者可以进入今日头条 App 的"商品橱窗"页面，点击"账号绑定"按钮（如图 3-3 所示的操作步骤），然后进入"账号绑定"页面。这时，我们可以看到淘宝 PID 和京东 PID 的绑定入口，点击淘宝 PID 右侧的"未绑定"按钮，如图 3-10 所示。进入"账号修改"页面，接着再点击"去淘宝获取"按钮，如图 3-11 所示。

图 3-10　点击"未绑定"按钮　　**图 3-11　点击"去淘宝获取"按钮**

然后弹出"淘宝账号绑定"的提示框，点击"确定"按钮，如图 3-12 所示。最后，跳转进入手机淘宝 App 的账号绑定页面，点击"同意协议并绑定"按钮即可绑定成功，如图 3-13 所示。

京东 PID 的绑定和淘宝有所不同，运营者需要先关注公众号"京粉儿"。进入公众号，点击底部菜单栏的"我的"按钮，在弹出的列表中选择"PID 管理"选项，如图 3-14 所示；进入"新建 PID"页面，如图 3-15 所示。根据实际情况填写相关信息，选中"同意《京东联盟平台 CPS 推广代理商 / 子会员业务协议》"复选框，然后点击"提交"按钮即可新建 PID。

接着再打开今日头条 App，回到"账号绑定"页面，点击京东 PID 右侧的"未绑定"按钮，如图 3-16 所示。进入京东 PID 的账号修改页面，如图 3-17 所示。然后输入新建的京东 PID，点击"绑定"按钮即可绑定成功。

图 3-12 点击"确定"按钮

图 3-13 点击"同意协议并绑定"按钮

图 3-14 选择"PID 管理"选项

图 3-15 "新建 PID"页面

图 3-16 点击"未绑定"按钮

图 3-17 "账号修改"页面

除此之外，运营者还可以绑定精选联盟账号，在第一次添加精选联盟商品时，会有弹窗提示，点击"前往授权"按钮即可，如图 3-18 所示。

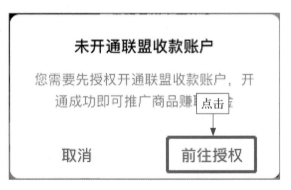

图 3-18 绑定精选联盟账号的提示

3.1.3 商品卡：五种内容形式玩法技巧

商品卡可以在各种内容形式中插入，如文章、微头条、视频、小视频、问答和直播，在直播中插入商品卡其实就是直播带货，笔者会在第 5 章的直播带货中详细介绍，因此本小节重点介绍其余五种内容形式的商品卡。

1. 文章商品卡

下面笔者就来介绍在头条文章中插入商品卡的操作步骤。

步骤 01　进入头条号后台，单击创作栏中的"文章"按钮，如图 3-19 所示。

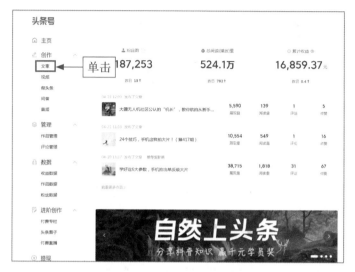

图 3-19　单击"文章"按钮

步骤 02　进入"发布文章"页面，单击 按钮，在弹出的列表中选择"商品推广"选项，如图 3-20 所示。

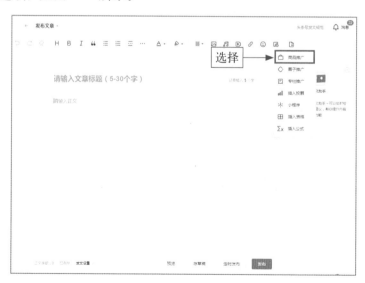

图 3-20　选择"商品推广"选项

步骤 03 进入"商品橱窗"页面，选中相应商品左侧的单选按钮；选好商品后，单击"下一步"按钮，如图 3-21 所示。

图 3-21　单击"下一步"按钮

步骤 04 进入"编辑商品"页面，输入商品短标题（非必填）；单击"确定"按钮，如图 3-22 所示。

图 3-22　单击"确定"按钮

步骤 05 操作完上述步骤之后，就可以在文章编辑页面看到添加的商品卡，如图 3-23 所示。

图 3-23　添加的商品卡

除了可以添加橱窗中的商品，运营者还可以添加精选联盟、淘宝商品和商品链接。

专家提醒

目前，今日头条只支持在电脑端头条号后台进行文章商品卡的插入操作，今日头条 App 暂时无法操作，而且每篇文章建议不要插入超过 5 张商品卡，也不要连续地插入。

另外，运营者还要注意以下这些商品卡的使用事项，如图 3-24 所示。

注意

单个自然日内，每个帐号发布的含商品卡的「微头条+文章+问答」**总上限为5篇**，超过此限制将不可发布含商品卡的「微头条+文章+问答」，不含商品卡的「微头条+文章+问答」可正常发布。每日凌晨12:00发文数量将自动恢复。

图 3-24　商品卡使用的注意事项

2．微头条商品卡

微头条商品卡支持在今日头条 App 上操作，下面笔者就来介绍在微头条中插入商品卡的操作步骤。

步骤 01 进入今日头条 App 首页，点击"发布"按钮，在底部弹出的弹窗中点击"微头条"按钮，如图 3-25 所示。

步骤 02 进入微头条的发布页面，点击"➕"按钮，在弹出的列表中选择"商品"选项（需先开通商品卡功能才会显示这个选项），如图 3-26 所示。

图 3-25　点击"微头条"按钮　　　图 3-26　选择"商品"选项

步骤 03 进入"我的橱窗"页面，在选择的商品右侧点击"添加"按钮，如图 3-27 所示。

步骤 04 进入"编辑商品"页面，填写好商品短标题后点击"完成"按钮，如图 3-28 所示。

步骤 05 操作完上述步骤后，系统会自动跳回微头条的发布页面，这时就可以看到已插入的商品卡了。如果运营者要删除商品卡的话，只需点击商品卡右侧的"✕"按钮即可，如图 3-29 所示。

当然，运营者还可以在选品库中添加商品，也可以通过点击右上角的"粘贴链接"按钮，如图 3-30 所示。然后在"添加商品"页面中粘贴淘口令或商品链接来添加商品，如图 3-31 所示。

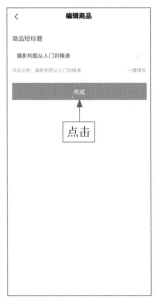

图 3-27　点击"添加"按钮　　图 3-28　点击"完成"按钮　　图 3-29　点击"✕"按钮

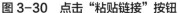

图 3-30　点击"粘贴链接"按钮　　　　图 3-31　"添加商品"页面

3．视频商品卡

视频商品卡同样不支持在今日头条 App 操作，因此笔者就来介绍在电脑端头条号后台添加视频商品卡的操作步骤。

步骤 01 在创作栏中单击"视频"按钮，进入"发布视频"页面，如图 3-32 所示，在指定的区域内单击上传或拖入视频文件并等待视频上传成功。

步骤 02 执行上述步骤后，就会出现编辑和设置视频信息的页面，用鼠标下滑网页至"高级设置"模块，单击"添加商品"按钮，如图 3-33 所示。

图 3-32 "发布视频"页面

图 3-33 单击"添加商品"按钮

步骤 03 进入"商品橱窗"页面，选中相应商品左侧的单选按钮；选好商品后，单击"确定"按钮，如图 3-34 所示。

步骤 04 进入"插入商品广告"页面，单击"确认"按钮，如图 3-35 所示。

图 3-34 选择对应商品

图 3-35 单击"确认"按钮

步骤 (05) 执行上述操作后，就可以看到原来"高级设置"模块的"添加商品"按钮变成"已添加1个商品 修改"按钮，如图 3-36 所示，这就表示商品卡已插入成功。单击该按钮，可回到"插入商品广告"页面，运营者可以选择删除已插入的商品卡或继续添加新商品。

图 3-36 "高级设置"模块

除了添加橱窗中的商品之外，运营者同样还可以添加精选联盟、淘宝商品和商品链接，限于篇幅，本书不展开叙述。

4．小视频商品卡

目前，小视频商品卡插入操作只能在今日头条 App 上进行。下面笔者就来介绍其具体的操作步骤。

步骤 (01) 进入今日头条 App 首页，点击"发布"按钮，在弹出的弹窗中点击"视频"按钮，如图 3-37 所示。

步骤 (02) 进入选择视频的页面，选择好视频以后，点击"下一步"按钮，如图 3-38 所示。

步骤 (03) 进入编辑视频信息的页面（封面、标题、商品），点击"添加商品"按钮，如图 3-39 所示。

步骤 (04) 进入"我的橱窗"页面，在选择的商品右侧点击"添加"按钮，如图 3-40 所示。

步骤 ⑤ 进入"编辑商品"页面，填写好商品短标题后点击"完成"按钮，如图 3-41 所示。

图 3-37 点击"视频"按钮

图 3-38 点击"下一步"按钮

图 3-39 点击"添加商品"按钮

图 3-40 点击"添加"按钮

步骤 06 执行上述步骤后，系统会自动跳回到编辑视频信息的页面，这时就可以看到商品栏显示了刚刚填写的商品短标题（说明商品卡已成功插入），如图 3-42 所示。如果运营者要删除或替换商品卡的话，只需点击商品栏，回到"我的橱窗"页面，在对应的商品右侧点击"移除"或"替换"按钮即可。

图 3-41 点击"完成"按钮

图 3-42 显示商品短标题

5. 问答商品卡

问答商品卡也只支持在今日头条 App 上操作，接下来笔者就来介绍其具体的操作步骤。

步骤 01 打开今日头条 App，在首页底部的弹窗中点击"问答"按钮，如图 3-43 所示。

步骤 02 进入"推荐"页面，选择一个问题，点击"去回答"按钮，如图 3-44 所示。

步骤 03 进入问题的详情页，点击"回答"按钮，如图 3-45 所示。

步骤 04 进入编辑回答的页面，点击"🛍"按钮，如图 3-46 所示。

步骤 05 在弹出的弹窗中点击"商品"按钮，如图 3-47 所示。

步骤 06 进入"添加商品"页面，选择相应商品后点击右侧的"添加"按钮（尽量选择和问题相关的商品），如图 3-48 所示。

步骤 07 进入"编辑商品"页面，填写好商品短标题后点击"完成"按钮，如图 3-49 所示。

 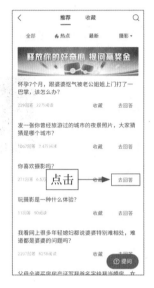 

图 3-43　点击"问答"按钮　图 3-44　点击"去回答"按钮　图 3-45　点击"回答"按钮

图 3-46　点击"⌂"按钮　图 3-47　点击"商品"按钮　图 3-48　点击"添加"按钮

步骤 08 执行上述步骤后，系统会自动跳回编辑回答的页面，这时就显示已插入的商品卡，如图 3-50 所示。当然，运营者也可以通过点击商品卡右上角的"✕"按钮进行删除商品卡的操作。

图 3-49 点击"完成"按钮

图 3-50 显示已插入的商品卡

3.1.4 统计数据：内容电商的收益

头条运营者该如何查看自己的佣金收益并提现呢？我们可以在今日头条
App 的"商品橱窗"页面点击"佣金统计"按钮，进入"佣金统计"页面，如
图 3-51 所示。图 3-52 为"结算规则"页面。

图 3-51 "佣金统计"页面

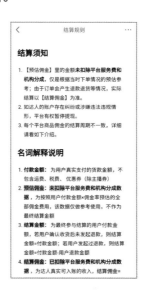

图 3-52 "结算规则"页面

运营者要想进行提现就得开通账户，那么该如何开通提现账户呢？运营者在"佣金统计"页面点击"提现"按钮，会进入"收入提现"页面，点击右侧"＞"按钮，如图 3-53 所示；进入"结算管理"页面，点击"开通账户提现"按钮，如图 3-54 所示。进入"开通账户"页面，填写相关信息并选中"我已阅读并同意《精选联盟云账户结算服务协议》"复选框；点击"开通提现账户"按钮即可，如图 3-55 所示。

图 3-53　点击"＞"按钮

图 3-54　点击"开通账户提现"按钮

图 3-55　点击"开通提现账户"按钮

3.2　平台规则：避免运营的"雷区"

头条运营者要想更好地玩转内容电商，就需要了解内容电商运营的平台规则。本节笔者就来介绍这些注意事项，让运营者避免"雷区"。

3.2.1　管理条例：内容创作的规范

为了构建健康良好的内容电商生态，今日头条平台推出了《内容电商创作管理规范》条例。图 3-56 所示为《内容电商创作管理规范》的部分内容。

运营者在不违反平台规则的同时，还应该做到努力生产平台所鼓励的优质、原创、有价值的内容，这样才能获得更多的推荐。那什么样的内容才是受平台欢迎的呢？具体内容如图 3-57 所示。

在创作带货内容时，运营者还应该注意以下这些事项，如图 3-58 所示。

一、 什么内容不符合创作规范？

平台在《今日头条社区规范》的基础上，通过用户的反馈建议和数据监测，整理了内容电商创作管理规范，明示平台认定的典型低质内容。希望各位创作者引以为戒，不要触碰低质红线。

违反法律法规和相关政策

包含但不限于以下场景：

- 危害国家统一、主权和领土完整，泄露国家秘密，危害国家安全，损害国家尊严、荣誉和利益，宣扬恐怖主义、极端主义的；

- 诋毁民族优秀文化传统，煽动民族仇恨、民族歧视，侵害民族风俗习惯，歪曲民族历史和民族历史人物，丑化亵渎革命领袖、英雄烈士事迹和精神，伤害民族感情，破坏民族团结的；

- 煽动破坏国家宗教政策，宣扬宗教狂热，危害宗教和睦，伤害信教公民宗教感情，破坏信教公民和不信教公民团结，宣扬邪教、封建迷信的；

- 危害社会公德，扰乱社会秩序，破坏社会稳定，宣扬淫秽色情、赌博、吸毒，渲染暴力、恐怖，教唆犯罪或者传授犯罪方法的；

- 侵犯他人隐私，侮辱或者诽谤他人，侵害他人合法权益的；

- 侵害他人名誉权、肖像权、知识产权、商业秘密等合法权利的；

- 侵害未成年人合法权益或者损害未成年人身心健康的；

- 侮辱红歌军歌/革命烈士，宣扬邪教/反动组织，低俗色情/血腥恐怖的；

- 展示违法违规行为或售卖违法物品的，如黄赌毒、违规医疗、枪支弹药、管制刀具、毒害品、假币、假证、走私商品、违规器材、危险品等；

- 其他相关法律法规禁止的内容。

图 3-56 什么内容不符合创作规范

平台鼓励优质、原创、有价值的内容

1. 平台鼓励可靠性高、可读性强、稀缺的优质内容；

  i. 内容丰富翔实，有信息增量，信息增量指专业知识、科学测评、亲身体验、理性观点等；

  ii. 有自己的独立观点和解读，详实可依；立场中立客观，不偏激不夸张，有理论支撑；选题丰富，风格独到；

  iii. 文笔流畅、逻辑清楚、配图清晰、排版优美、可读性强；

  iv. 商品与内容主体强相关，无拼凑、生硬转折、强行归因/关联的问题。

2. 平台鼓励原创内容；

  i. 由创作者自行创作的作品，且对作品拥有合法版权的内容；

  ii. 获得著作权人本人授权，对原作品进行改编、翻译、注释、评议的内容；

  iii. 获得著作权人本人独家授权的作品，有且仅有该帐号在今日头条发布。

3. 平台鼓励读者喜爱的有价值内容；

  i. 满足读者需求，有实用价值，读者能学到干货知识。

图 3-57 平台鼓励的内容

- 单日发布各体裁带货内容总数建议不要超过5篇，各体裁包括文章、微头条、问答、视频、小视频；

- 除带货内容外，多发布优质的非带货内容，每天发布的非带货内容多于带货内容；

- 拒绝批量发布内容相似的带货内容，拒绝搬运抄袭模仿洗稿；

- 单篇文章插入的商品卡数量建议不超过3个，不要连续插入商品卡，不要重复插入完全相同的商品卡；

- 避免内容的强营销属性，商品相关描述篇幅占比不宜过高。

图 3-58 创作带货内容的注意事项

3.2.2 商品目录：禁止分享的种类

在插入商品卡时，有些商品平台是禁止分享的，如枪支弹药、易燃易爆的物品等。为此平台专门整理了一个禁止分享商品的目录，其涉及的商品种类一共有以下几种，具体如图 3-59 所示。

禁止分享的商品种类

- 仿真枪、军警用品、危险武器类，如管制刀具等
- 易燃易爆、有毒化学品、毒品类，如烟花爆竹等
- 反动等破坏性信息类，如国家禁止的集邮票品等
- 色情低俗、催情用品类，如避孕套、情趣用品等
- 涉及人身安全、隐私类，如监听设备、身份证等
- 药品、医疗器械、保健品类，如非处方药等
- 非法服务、票证类，如抽奖类商品、代写论文等
- 动植物、动植物器官及动物捕杀工具类，如宠物
- 盗取等非法所得及非法用途软件、工具或设备类
- 未允许、违反国家行政法规或不适合交易的商品
- 虚拟、舆情重点监控类、不符合平台风格的商品

图 3-59 禁止分享的商品种类

3.2.3 扣分规则：账号违规的处罚

今日头条平台对违规行为和内容的监管是非常严格的，如果运营者违反了平台规则，就会面临扣除信用分和取消权益的处罚。每个头条号都拥有 100 分的信用起始分，每种违规行为都会扣除一定的信用分，如图 3-60 所示。

> 违规行为类型对应的扣分值
>
> 以下这些违规行为类型会被扣除 20 分：违反法律法规和相关政策、侵犯著作权、侵犯隐私权和名誉权、违规声明原创、诱导低俗、发布谣言或不实内容
>
> 以下这些违规行为类型会被扣除 5 分：违规推广、攻击谩骂、标题夸张、题文不符、封面不合适、发布过时内容、音画低质、违规刷粉、商品卡内容违规

图 3-60　违规行为类型对应的扣分值

2020 年 7 月，头条平台新增了"商品卡内容违规"的扣分项，所谓"商品卡内容违规"的意思就是，插入商品卡的内容有违规行为。以下这些内容将会被认定为"商品卡内容违规"，如图 3-61 所示。

> "商品卡内容违规"的内容
>
> 虚假营销、夸大宣传商品
>
> 商品和内容的相关性很低
>
> 用故事诱导进行商品推广
>
> 违反内容电商创作管理规范

图 3-61　"商品卡内容违规"的内容

专家提醒

运营者在做内容电商时，如果触犯了"商品卡内容违规"的违规行为，每次违规都会被扣除 5 分信用分，第五次违规将永久关闭商品卡权益。

另外，已经开通了商品卡权益，但是现有粉丝人数少于 1 万且半年内没有发布带货内容的头条号，平台也会暂时关闭权益。如果账号没有违规行为，运营者也可以在重新达到 1 万粉丝以后再次申请开通商品卡权益。

3.3 头条小店：运营的方法和技巧

头条小店对运营者来说是一个非常重要的电商变现工具，也是头条内容电商运营的重点。本节主要介绍头条小店运营的方法和技巧，包括头条小店的开通流程、上架商品的方法和技巧，以及金额结算和收费标准等。

3.3.1 开通店铺：头条小店的开通

前文笔者已经讲过了头条小店的开通标准，而头条小店的开通流程一共有以下几步，如图 3-62 所示。

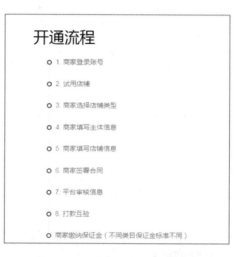

图 3-62　头条小店的开通流程

那么，头条小店的开通入口在哪？下面是头条小店的开通步骤。

步骤 01　进入抖店官网，单击"开启商家后台"按钮，如图 3-63 所示。

图 3-63　单击"开启商家后台"按钮

步骤 02　进入商家后台的登录页面，单击"头条登录"按钮，如图 3-64 所示。

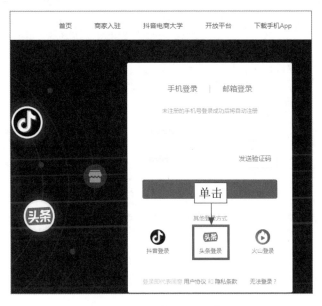

图 3-64　单击"头条登录"按钮

步骤 03　进入"今日头条授权登录"页面，运营者可以选择账号密码登录或手机验证码登录；单击"授权并登录"按钮，如图 3-65 所示。

图 3-65　单击"授权并登录"按钮

步骤 04　进入"请选择主体类型"页面，弹出"请选择"的提示框，单击"授权开店"按钮，如图 3-66 所示。

图 3-66 单击"授权开店"按钮

步骤 05 进入"填写主体信息"页面，按照要求填写相应信息，单击"下一步"按钮，如图 3-67 所示。

图 3-67 单击"下一步"按钮

步骤 06 同样，按照平台要求填写店铺信息，完成资质审核和账户验证，即可开通头条小店。

3.3.2　上架商品：八个方面的细节

在商品的上架环节，有很多细节是需要运营者注意的，因此，笔者就来给大家讲解商品上架的相关内容，具体如下。

1. 商品类型

运营者在上架商品时，有三种商品类型可供选择，即普通商品、闪购商品和虚拟商品，并且商品类型提交审核后不可修改，如图 3-68 所示。

> 商品类型：
>
> - 【普通商品】：系统默认选择【普通商品】商品类型，常规商品都需要在此商品类型下进行创建。
>
> - 【闪购商品】：仅限创建【珠宝首饰-翡翠玉石-玉石孤品】类目的商品时，可以选择【闪购商品】商品类型。**【珠宝首饰-翡翠玉石】类目为定向招商，不支持申请开通。**
>
> - 【虚拟商品】：仅限创建【教育培训】、【本地生活服务】类目的商品，且店铺已经开通支付宝时，可以选择【虚拟商品】商品类型。**【本地生活服务】类目为定向招商，不支持申请开通。**
>
> - 商品提交审核后商品类型不可以修改。

图 3-68　三种商品类型

2. 商品标题

运营者在编辑商品标题时，不能超过 30 个字。图 3-69 所示为商品标题的撰写技巧。

3. 类目属性

在填写商品类目属性的时候，如果运营者的店铺类型为旗舰店、专卖店或专营店，则必须填写商品品牌。

4. 支付方式

头条小店的支付方式一共有三种，即在线支付 / 货到付款、在线支付、货到付款，具体内容如图 3-70 所示。

- 最多可输入30个字。所以在编辑商品标题时，需要将商品的"品牌信息、商品名称、商品规格"简洁清晰地表述出来。如果在食品饮料、酒类、生鲜、母婴等一级类目下发布商品，需要按照"产地+商品名称+种类/品种+净含量/规格"的顺序发布。

- 例如：

- 顺丰空运（物流信息）四川双流（产地）红颜奶油草莓（商品名称/种类/品种*）2斤（净含量或者规格*）包邮（物流信息）。

- Zxxx新款女装双排扣西装外套两件以上包邮。

- 怡宝矿泉水350ml*12/500ml*12满60包邮。

- 旺旺零食大礼包50g*3袋+30g*4袋或旺旺零食大礼包270g。

图 3-69　商品标题的撰写技巧

- 在线支付/货到付款：店铺必须要开通合众或支付宝自主提现功能后才可以选择个人资质的店铺，不支持选择此支付方式。

- 在线支付：店铺必须要开通合众或支付宝自主提现功能后才可以此支付方式。

- 货到付款：个人资质的店铺不支持选择此支付方式，其他店铺类型都可以选择此支付方式。

- 创建商品类型为【虚拟商品】时，支付方式仅支持【在线支付】，且必须开通支付宝自主提现功能。

- 创建商品类型为【闪购商品】时，支付方式仅支持【在线支付】，开通合众或支付宝自主提现功能即可。

图 3-70　三种支付方式

5. 订单库存

当运营者将支付方式设置为在线支付或在线支付/货到付款时，需要设置订单库存的计数方式。订单库存的计数方式一共有两种，如图 3-71 所示。

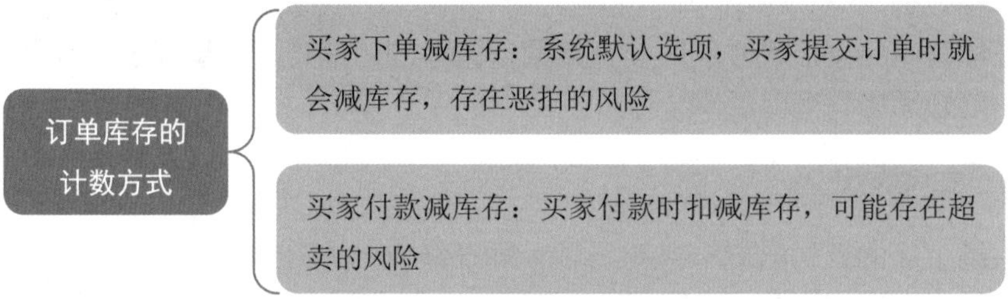

订单库存的计数方式

买家下单减库存：系统默认选项，买家提交订单时就会减库存，存在恶拍的风险

买家付款减库存：买家付款时扣减库存，可能存在超卖的风险

图 3-71　订单库存的计数方式

6．推荐方式

当店铺内的商品数量超过五个的时候，运营者就可以选择系统推荐和手动配置两种商品推荐方式，具体内容如下。

（1）系统推荐：根据商品销量进行推荐。

（2）手动配置：通过商品置顶进行推荐。

7．商品主图

运营者在上传商品主图的时候，需要注意以下事项，如图 3-72 所示。

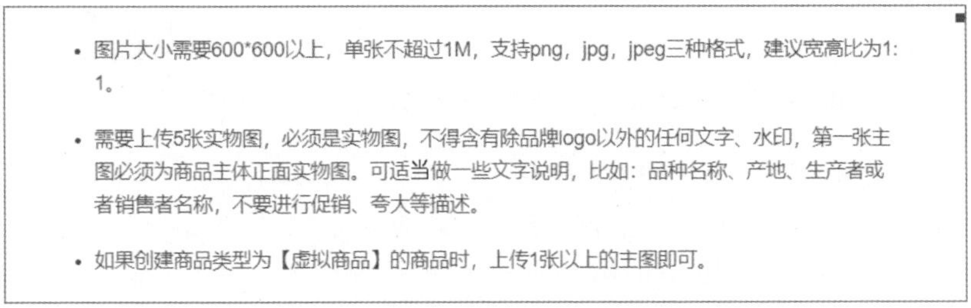

- 图片大小需要600*600以上，单张不超过1M，支持png，jpg，jpeg三种格式，建议宽高比为1:1。
- 需要上传5张实物图，必须是实物图，不得含有除品牌logo以外的任何文字、水印，第一张主图必须为商品主体正面实物图。可适当做一些文字说明，比如：品种名称、产地、生产者或者销售者名称，不要进行促销、夸大等描述。
- 如果创建商品类型为【虚拟商品】的商品时，上传1张以上的主图即可。

图 3-72　上传商品主图的注意事项

8．价格和规格

运营者在设置商品价格和规格时，需要注意以下五点，如图 3-73 所示。

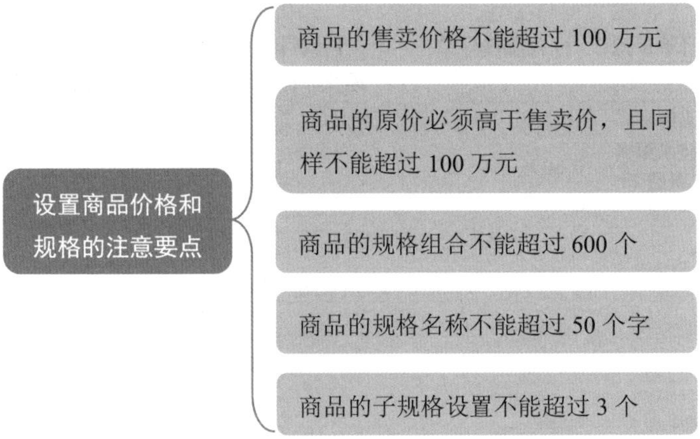

设置商品价格和规格的注意要点

- 商品的售卖价格不能超过 100 万元
- 商品的原价必须高于售卖价，且同样不能超过 100 万元
- 商品的规格组合不能超过 600 个
- 商品的规格名称不能超过 50 个字
- 商品的子规格设置不能超过 3 个

图 3-73　设置商品价格和规格的注意要点

3.3.3　资金核算：商家结算和收费

头条小店的运营者本质上是一位商家，其可以通过头条小店销售产品来获得

收入。那么，运营者的订单收入又是怎么计算的呢？其计算公式如图 3-74 所示。

商家结算金额=消费者实付金额-消费者实付金额 × 技术服务费-（商品价格-平台券）× 联盟佣金+平台券

图 3-74　商家结算金额公式

除此之外，运营者还应该了解并掌握商家结算入账金额等其他计算公式，如图 3-75 所示。

商家结算入账金额=收入-计费方案-订单退款 #

* 收入=订单实付金额+平台券抵扣金额

　1. 订单实付金额=实付货款+运费=（商品总价-平台券抵扣金额-商家券）+运费

　2. 平台券抵扣金额，即平台补贴给消费者的优惠券金额

图 3-75　商家结算入账金额等其他计算方式

另外，平台为了激励头条小店的运营者，对在线支付的普通订单（珠宝首饰除外）的技术服务费实行一定的优惠政策，从而提高运营者的服务质量，扩大其经营规模。图 3-76 所示为技术服务费的收费标准。

订单来源	广告流量订单		普通订单（非广告流量订单）			
			精选联盟订单		非精选联盟订单	
支付方式	在线支付	货到付款	在线支付	货到付款	在线支付	货到付款
技术服务费费率	0.60%	0	按附件中标准收取			

图 3-76　技术服务费的收费标准

如果商品使用了优惠券，则运营者需要注意以下两点，如图 3-77 所示。

　1. 使用店铺优惠券的商品，平台会根据用户券后实际支付金额收取扣点。

　2. 使用平台优惠券的商品，平台按照券前价格收取扣点，平台券相应金额，平台将会在结算时作出相应抵扣。

举例，若商品价格100元，运费10元，平台券5元，佣金比例20%，技术服务费5%，则商家结算金额
= （100+10-5）-105 × 5%-95 × 20%+5元。

图 3-77　使用优惠券的注意事项

3.3.4　关闭店铺：小店的退店流程

当运营者不想再运营头条小店的时候，可以选择关闭头条小店，其关店的核心流程如图 3-78 所示。而要想关闭头条小店，运营者必须达成以下五个条件，如图 3-79 所示。

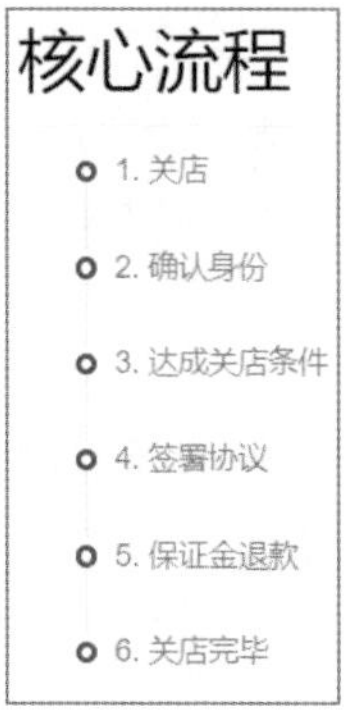

```
核心流程

○ 1. 关店

○ 2. 确认身份

○ 3. 达成关店条件

○ 4. 签署协议

○ 5. 保证金退款

○ 6. 关店完毕
```

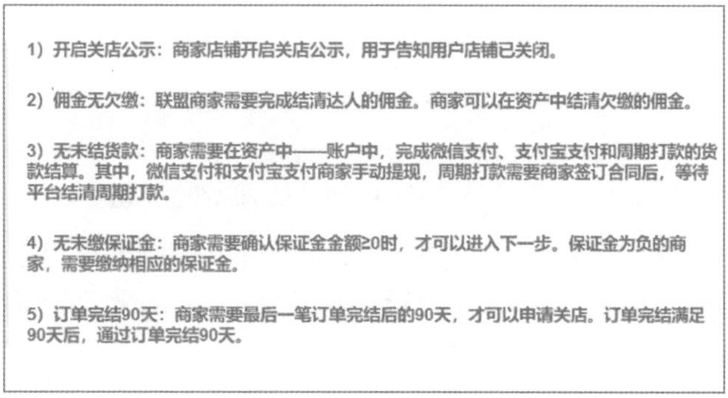

```
1) 开启关店公示：商家店铺开启关店公示，用于告知用户店铺已关闭。

2) 佣金无欠缴：联盟商家需要完成结清达人的佣金。商家可以在资产中结清欠缴的佣金。

3) 无未结货款：商家需要在资产中——账户中，完成微信支付、支付宝支付和周期打款的货款结算。其中，微信支付和支付宝支付商家手动提现，周期打款需要商家签订合同后，等待平台结清周期打款。

4) 无未缴保证金：商家需要确认保证金金额≥0时，才可以进入下一步。保证金为负的商家，需要缴纳相应的保证金。

5) 订单完结90天：商家需要最后一笔订单完结后的90天，才可以申请关店。订单完结满足90天后，通过订单完结90天。
```

图 3-78　核心流程　　　　　　图 3-79　达成关店的条件

3.3.5　入驻平台：可加入精选联盟

开通了头条小店的运营者可以选择入驻精选联盟，笔者在前面也提到过"精选联盟"这个概念，那精选联盟究竟是什么呢？图 3-80 所示为精选联盟的官方介绍。

什么是精选联盟

精选联盟是提供给作者快速找到优质商品的CPS（Cost Per Sales，按销售付费）平台，商家也可以在这里找到更多的作者为自己的商品做分享。

进入精选联盟的商家可以将商品设置佣金并上传至联盟商品库，进入联盟商品库的商品将显示在作者选品页。作者选择商品并插入创作内容，分享到字节系各个APP，产生订单且订单完成后平台按照与商家和作者结算如何入驻精选联盟。

图 3-80　精选联盟的官方介绍

运营者要想入驻精选联盟，则需要满足一定的门槛。图 3-81 所示为精选联盟的入驻要求。

入驻须知：

开通联盟正式版门槛：店铺有效评价数>20，DSR>=4.5且商家好评率>=80%

- 当店铺有效评价数<=20，且DSR>=4.5，则仅可开通联盟试用版。

- 当店铺不满足DSR>=4.5或商家好评率>=80%，则不可开通联盟正式版权限。

入驻流程请阅读：小店商家自主入驻精选联盟流程

更多详细内容请阅读：精选联盟使用说明(商家侧)

图3-81　精选联盟的入驻要求

DSR（Detail Seller Rating）是指卖家服务评级系统，也就是通常所说的店铺综合评分，它有三个指标，即商品描述、服务态度和物流速度。

第 4 章
头条直播：
增加粉丝和收益

学前提示

　　直播是目前互联网非常火爆的产物之一，各大平台基本上都推出了直播功能，今日头条自然也不例外。本章主要讲解头条直播的相关知识，包括基础概况、功能介绍、运营技巧和变现方式等，帮助运营者做好头条直播。

4.1 基础概况：了解头条直播

头条直播是今日头条平台的直播功能，虽然它的火热程度不及抖音直播、快手直播以及 B 站直播，但也是一个非常重要的直播平台。因此，本节笔者就来带大家认识和了解头条直播。

4.1.1 定义概念：什么是头条直播

关于什么是头条直播，官方给出的定义是："头条直播是今日头条平台为创作者提供的涨粉和变现工具。通过直播，创作者可与粉丝进行深度互动，赚取直播打赏，以优质内容获得更多关注和收益。"

由于头条直播和西瓜视频直播是互通的，头条直播的内容会被投放到西瓜视频平台，因此，用户在今日头条官网单击"直播"按钮就会跳转到西瓜视频官网的直播页面，如图 4-1 所示。

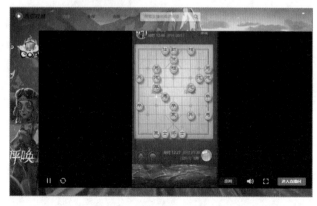

图 4-1　从今日头条页面跳转到西瓜视频直播页面

4.1.2　开播方式：头条直播的方法

了解了什么是头条直播后，那么主播又该如何进行直播呢？在此，笔者分别介绍电脑直播和手机直播的方法，不过，在讲具体的操作步骤前，笔者先来讲解开始直播前要做的准备。

首先，是设备的调试，一般直播设备的调试工作有以下几个方面，如图 4-2 所示。

直播设备的调试工作	选购性能出色的手机和电脑，只有足够强大的配置，才能保证直播的流畅
	在用手机直播时，需要借助手机支架来稳定画面，不然影响直播的效果
	需要做好直播间的灯光效果布置，不然会影响用户和粉丝的观看体验
	网速也是影响直播效果和用户体验的重要因素之一，因此要进行网络信号和网速的测试

图 4-2　直播设备的调试工作

其次，是直播信息的填写，其内容包括以下三个方面，如图 4-3 所示。

直播信息的填写	直播标题的填写，字数应控制在 5 ~ 30 个字以内，在能够吸引用户眼球的同时，不做"标题党"
	在选择直播领域的分类时，要和直播的主题相符合，只有这样才能获得平台的推荐
	对于直播封面图片的选择，尺寸和大小按照平台的要求来，尽量使用实拍图或本人的生活照

图 4-3　直播信息的填写

最后，是直播预告的设置，直播预告的内容需要包含以下几个要点，具体内容如图 4-4 所示。

明确直播的主题，准确地表达直播的内容，让观众一目了然

直播预告的时间要详细具体，最好具体到分钟

直播预告的要点

需要告诉用户观看直播会有什么收获，比如福利优惠等

直播预告的内容要抓住用户"痛点"，如为用户提供解决问题的办法，这样才能吸引用户观看

图 4-4　直播预告的要点

那么，我们该如何来设置直播预告呢？主播可以在今日头条 App 上进行设置，具体操作步骤如下。

步骤 01 打开今日头条 App，在"首页"页面点击"发布"按钮，如图 4-5 所示。

步骤 02 弹出弹窗，点击"微头条"按钮，如图 4-6 所示。

图 4-5　点击"发布"按钮 　　　**图 4-6　点击"微头条"按钮**

步骤 03 进入微头条的发布页面，点击"⊕"按钮，如图 4-7 所示。

步骤 04 在弹出的列表中选择"直播预告"选项，如图 4-8 所示。

图 4-7 点击"⊕"按钮

选择

图 4-8 选择"直播预告"选项

步骤 ⑤ 进入"直播预告"页面,填写直播标题,上传直播封面,选定开播时间后,点击"添加"按钮,如图 4-9 所示。

步骤 ⑥ 跳转到之前的微头条发布页面,输入预告内容;点击"发布"按钮即可发布成功,如图 4-10 所示。

点击

图 4-9 点击"添加"按钮

点击

图 4-10 点击"发布"按钮

用户看到主播发布的直播预告，点击预约直播，就会在开播前收到直播提醒。同时，主播也可以将直播预告分享到其他平台，如微信、QQ 和微博等，这样有利于增加观看直播的人数。当然，直播预告发布之后需要审核通过才能进行分享。

1. 电脑直播

用电脑进行头条直播需要下载必备的软件，Windows 系统的电脑需要下载今日头条旗下的直播伴侣，苹果电脑则需要下载 OBS Studio 软件。图 4-11 所示为电脑直播伴侣的官方下载页面；图 4-12 所示为 OBS Studio 软件的官网下载页面。

图 4-11　电脑直播伴侣下载页面　　图 4-12　OBS Studio 软件的官网下载页面

使用 Windows 系统电脑的主播下载且安装好直播伴侣后，打开软件，选择西瓜视频作为直播平台（因为头条直播内容的投放渠道就是西瓜视频），然后登录头条号账号即可进入主界面。直播伴侣的开播模式有横屏和竖屏两种，如图 4-13 所示。

图 4-13　直播伴侣的开播模式

至于使用苹果电脑的主播，则在 OBS Studio 软件的官网中下载且安装对应的 macOS 版本，其软件的使用方法，主播可自行在官网查看，这里不再赘述。

2. 手机直播

在如今的互联网时代，智能手机的普及要远远大于电脑。因此，更多的主播选择用手机进行直播，这是因为手机直播不仅比电脑直播的成本低，而且操作也十分简单方便。基于以上这些原因，下面笔者将详细介绍用手机直播的操作步骤。

打开今日头条 App，在"首页"页面点击"发布"按钮，弹出弹窗，点击"直播"按钮，如图 4-14 所示。进入直播的准备页面，设置相应的直播信息，如标题、封面和分类；点击"开始视频直播"按钮即可开始直播，如图 4-15 所示。

图 4-14 点击"直播"按钮　　图 4-15 点击"开始视频直播"按钮

专家提醒

在上传封面图片时，需要注意的是，封面图片的分辨率要求为 1280 像素 ×720 像素，小于这个分辨率是无法上传成功的。

4.1.3 推荐机制：三个衡量的维度

对于头条直播平台的主播来说，还有一个是必须重点了解的，那就是头条直播的推荐机制。今日头条是根据用户和观众对直播的满意程度来进行推荐的，而衡量用户满意度的维度主要有三个，具体内容如下。

（1）直播间点击率：影响直播间点击率的因素有直播标题、封面、账号头像、昵称等。

（2）观看时长：用户的观看时长是衡量直播内容是否吸引人的重要依据。

（3）互动率：互动率包括用户评论、打赏和关注等方面，它是反映直播间人气高低、火热程度的重要标准，因此互动率越高，获得的推荐量就越多。

4.2 功能介绍：四个有趣的设置

为了更好地让主播进行直播，头条直播平台推出了许多有趣的功能和玩法，从而提升直播效果。

4.2.1 粉丝团：主播粉丝的聚集地

粉丝团是主播粉丝的聚集地，如果想要加入某主播的粉丝团，可以在直播间的主播头像右侧点击" "按钮（需要先关注主播），如图 4-16 所示；然后在底部弹出的弹窗中点击"加入 Ta 的粉丝团"按钮，支付一定数量的钻石（一种虚拟货币）即可，如图 4-17 所示。

图 4-16　点击" "按钮

图 4-17　点击"加入 Ta 的粉丝团"按钮

专家提醒

　　需要注意的是，粉丝团的名字一旦创建并审核通过就不可再进行修改。而且，名字最好是两个到三个汉字，不能含有数字符号。

　　那么，主播该如何创建粉丝团呢？在进行直播时，主播可以在自己头像的右侧点击""按钮，如图 4-18 所示；然后弹出"设置粉丝团名称"弹窗，输入名字后，点击"提交审核"按钮即可，如图 4-19 所示。

图 4-18　点击"　　"按钮

图 4-19　点击"提交审核"按钮

　　粉丝团功能对主播和粉丝来说，都有一定的好处。图 4-20 所示为粉丝团功能的好处。

```
粉丝团功能
的好处
├─ 主播：粉丝团功能不仅能使主播获得收益，增强粉
│       丝黏性，还能提升自身的影响力
│
└─ 粉丝：粉丝不仅能够获得专属粉丝勋章和每日的粉
        丝团礼包，还能为主播吸引人气
```

图 4-20　粉丝团功能的好处

那么，该如何提升自己的粉丝团等级呢？粉丝可以通过增加亲密度来提升自己的等级，获取亲密度的具体方法如下。

（1）观看直播每超过 5 分钟就能获取 5 点亲密度，在同一个粉丝团内，每天最多不超过 20 点。

（2）每消费 1 个钻石，就可以增加 1 点亲密度。

（3）每评论一次就能获得 2 点亲密度，同样在同一个粉丝团内，每天最多不超过 20 点。

（4）每消费 100 西瓜币（虚拟货币），就会增加 1 点亲密度，在同一个粉丝团内，每天最多不超过 50 点。

4.2.2 贴纸功能：传达主播的信息

贴纸功能可以帮助主播巧妙地向用户传达信息，从而引导用户的行为，比如"求关注"等。用户看到贴纸上的信息后，就有可能按照主播的请求做。那么，如何在直播间设置贴纸呢？主播在直播时点击"✐"按钮，如图 4-21 所示；在底部弹出的"装饰美化"弹窗中，点击"贴纸"按钮，如图 4-22 所示。

图 4-21　点击"✐"按钮

图 4-22　点击"贴纸"按钮

然后会弹出各种文字贴纸和图片贴纸，选择其中一个贴纸，如图 4-23 所示；这时，用户就能看到主播设置的贴纸信息，如图 4-24 所示。

图 4-23　选择贴纸　　　　图 4-24　直播间的贴纸信息

　　主播在进行直播带货时，贴纸功能的作用更加显著，它能对商品、活动等重要的直播信息进行补充，如"限时秒杀"等。

专家提醒

　　　　文字贴纸可以支持自定义文字内容，但需要注意的是，每次直播的文字贴纸只能修改一次。因此，主播要提前确定好贴纸的内容。

4.2.3　抽奖功能：增强互动的氛围

　　抽奖功能可以激发用户和观众的参与积极性，增强直播间互动的氛围，从而达到吸粉和提升人气的目的。

　　那么抽奖功能该如何使用呢？主播在直播的过程中，点击"玩"按钮，如图 4-25 所示；然后在弹出的"互动玩法"弹窗中点击"福袋"按钮，如图 4-26 所示；接着弹出"钻石奖励"弹窗，设置好人均可领钻石、可中奖人数等信息以后，点击"发起福袋"按钮即可，如图 4-27 所示。

图 4-25　点击"玩"按钮　图 4-26　点击"福袋"按钮　图 4-27　点击"发起福袋"按钮

4.2.4　PK 功能：促进粉丝进行打赏

PK 功能可以有效地促进粉丝给主播进行打赏，另外，它还具有粉丝导流的作用。头条直播支持连线模式、积分对战和连屏对战三种方式，如图 4-28 所示。

图 4-28　PK 功能的三种模式

新人主播在刚开始直播时，可以多多关注其他主播，并认识和结交他们，然后邀请他们连线，借此慢慢积累自己的直播经验。

4.3　运营技巧：头条直播的运营

介绍了头条直播的相关功能之后，接下来，本节就来讲解头条直播的一些运营技巧，帮助大家更好地进行直播。

4.3.1　爆款直播：打造优质的内容

要想打造爆款直播，成为热门的人气主播，就得打造优质的直播内容，那怎么来打造优质的直播内容呢？主播可以从标题封面、内容题材以及互动能力这三个方面来入手，其具体内容如下。

1. 标题封面

爆款直播一定拥有吸睛的标题和封面，因此，主播可以对直播间的标题和封面进行优化，以提升直播间的点击率和曝光率。图 4-29 所示为直播标题的优化技巧；图 4-30 所示为直播封面的优化技巧。

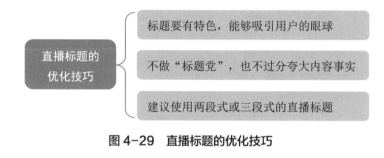

图 4-29　直播标题的优化技巧

直播封面的优化技巧
- 可以使用本人照片，这样显得更加真实
- 图片要具有视觉冲击力，但不要显得杂乱
- 图片尽量不要有文字，不要使用海报图

图 4-30　直播封面的优化技巧

2. 内容题材

爆款直播的打造和内容题材的选择也有紧密关系，有很多新手主播不知道该选择什么领域作为直播内容的方向，就算选好了领域，也不知道有哪些方面作为直播内容的素材。因此，笔者就给大家提供一些直播内容题材的参考，如图 4-31 所示。

优质的直播内容或多或少都有以下这些特点，具体内容如下。

（1）能够引起大多数用户和观众的情感共鸣。

（2）和日常生活息息相关，或者具有地域性的内容。

（3）能够激发用户和观众的好奇心和兴趣。

（4）能够给用户和观众带来强烈的视觉冲击和感官刺激。

（5）能够抓住用户的"痛点"，引起用户的欲望。

（6）能够让用户有所收获，内容有比较多的干货，比如知识分享。

品类	参考直播内容	品类	参考直播内容
三农	农村风俗：婚礼、拜年、杀年猪等 农村生活：赶集、干农活、学剪纸、放牧、打野等 农村活动：元宵晚会、花灯、广场舞大赛等 农村美食：特色美食、户外烧烤、家庭聚会等	美食	美食试吃、小食试吃、景点旅游、厨艺展示、美食吃播等
生活	魔术、小窍门、手工制作、花卉知识、玩具测评、生活技巧、垂钓等	科技	开箱测评、手机维修、数码问题解答、软件测试、产品发布会、科学小实验等
旅游	自然风光、古镇街道、景点景区、庆典活动、自驾游、罕见奇观等	文化	讲历史、讲国学、讲传统文化、练字、工匠精神、茶道、文学鉴赏等
情感	生活话题、职场话题、恋爱技巧、婚姻困惑、情感问题等	时尚	化妆、发型设计、护肤保养、服饰搭配、奢侈品鉴赏等
音乐	地方晚会、社区音乐会、室内唱歌、乐器表演、吉他教学等	健康	疾病防控（需要认证行医资质）、健康养护、养生、减肥等
搞笑	脱口秀、幽默笑话、拍摄现场等	汽车	汽车测评、试驾、养护、维修、选购、二手车等
体育	球类运动、晨练、健身、太极拳、棋牌类教学、广场舞、健身操、台球教学等	亲子	育儿知识、早教知识、妇幼保健、幼儿故事、绘画、幼儿营养美食等
财经	不得引入商业化	宠物	猫、狗、爬行动物、昆虫、鸟类等相关直播
影视	互动聊电影、影视类发布会等	教育	K12、奥数、高考、毕业论文等

图4-31　直播内容题材参考

3. 互动能力

要想打造爆款直播，主播需要具有超强的互动能力，只有具备这项能力，你才能充分调动用户和观众的参与积极性，提高直播间的活跃气氛和用户留存率，不至于陷入冷场的尴尬境地。

另外，优秀的互动能力还有利于塑造主播独特的风格，打造特色的直播内容，形成个人IP。因此，主播要努力提升自己的互动能力。

对于新手主播而言，很大的问题之一就是自己直播时不知道做什么、说什么，以至于不仅吸引不了新的用户成为你的粉丝，还会流失已经进入直播间的用户。所以，主播应该随时保持好的互动状态，尽可能地留住直播间的每一位用户。为此，主播可以从以下方法来提升自己的互动能力，如图4-32所示。

提升互动能 力的方法	在回答用户问题的同时，主动发起话题
	学会赞美用户和粉丝，开些适当的玩笑

图 4-32 提升互动能力的方法

关于直播话题的选择，主播可以将以下这些方面作为切入点，如图 4-33 所示。

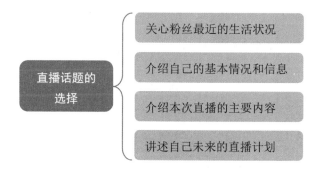

图 4-33 直播话题的选择

4.3.2 电商直播：进行带货的技巧

在头条直播中，主播除了可以给用户和观众提供精彩的直播内容之外，还可以进行直播带货，这就是电商和直播的结合。下面笔者就来讲解电商直播的玩法。

在此之前，笔者先来介绍一下电商直播的优势和爆款电商直播的特点。电商直播的优势主要有以下四点，具体内容如下。

（1）互动属性非常强，从而能对用户产生强烈的感染力。

（2）产品介绍场景化，从而具有很强的真实性。

（3）直播带货玩法多，从而能够促使用户下单购买。

（4）用户黏性强，使得他们的消费欲望更加强烈。

一场爆款电商直播，应该具备以下几个特点，如图 4-34 所示。

电商直播的玩法主要包含七个部分的内容，下面笔者逐一来进行讲解。

1．直播预热

前文笔者介绍直播预告的相关内容，而接下来，笔者将要讲解的是电商直播的预热技巧。为了提高用户的购买意愿，在进行新品直播带货前，主播可以在微头条发布直播预告，对新产品进行预热，这样能够有效地提高新产品的热度和销量。

这就跟那些手机厂商每次开新品直播发布会时，总会提前对新手机的一些产品亮点进行预热是一个道理。

爆款电商直播的特点
- 商品物美价廉，性价比很高
- 选品符合主播的人设和定位
- 主播有很强的语言表达能力
- 直播间的热度和人气非常高
- 标题和封面都非常有吸引力
- 场景和商品的联系非常紧密
- 搭配各种促销玩法增加销量

图4-34　爆款电商直播的特点

2．借势营销

所谓借势营销，就是借助热点来营销产品，常见的借势营销手段有节日促销活动，如中秋节促销、国庆节促销和春节促销等。因此，主播可以通过节日来营造产品促销的氛围，以便增加产品的销量。

3．全面引流

在为直播间进行吸粉和引流时，主播要充分利用所有的流量渠道，尽可能地增加直播间的用户和粉丝。这是因为直播带货的互动性非常强，其用户转化率要比其他的销售模式高。因此，主播要保持较高的直播带货频率，以保证出单量。

4．营销节奏

主播在直播带货的同时，要把握好营销节奏，这里的营销节奏是指保持商品推广的频率。如果长期不进行商品推广，不仅没有充分利用流量资源，而且还容易导致粉丝黏性降低。

因此，主播需要做到一个月内至少上新两三款产品，每周至少进行一次直播带货，每天发布一两条带商品链接的微头条推广等，这样不仅能充分地利用流量资源，而且能保持商品的热度。

5．增加多样性

这里的多样性是指商品多样性，主播在直播带货的过程中，可以通过更新商品的款式、包装和规格，从而增加商品的销量和复购率。

6．优惠促销

主播在进行直播带货时，可以通过发放优惠券和降价促销活动来提高用户的转化率，增加商品的订单量。在对商品进行定价时，要留一定的价格空间为后面的降价促销做准备。另外，优惠券的面额可以大一些，这样才能突出优惠的力度。

7．推广技巧

在直播带货的过程中，主播要对主推商品进行推广，以求打造爆款。接下来，笔者就来给大家提供一些商品推广的技巧，如图 4-35 所示。

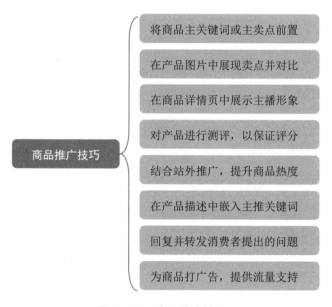

图 4-35　商品推广技巧

4.4　变现方式：获取直播的收益

介绍完头条直播的运营技巧，接下来笔者就来介绍头条直播的变现方式。目前，其变现方式主要有四种，即直播打赏、直播带货、直播带课和付费直播。在这之前，笔者先来介绍头条直播的充值和提现操作。

主播要想进行充值和提现的操作，可以下载西瓜视频App，登录头条号，在"我的"页面点击"钱包"按钮，如图 4-36 所示；进入"钱包"页面，在这里可以查看钻石余额和可提现的收入，如果创作收入或直播收入大于 1 元，就可以点击右侧的"去提现"按钮进行提现。点击"去充值"按钮，如图 4-37 所示，进入"充值"页面，即可选择合适的钻石数量进行充值，如图 4-38 所示。

  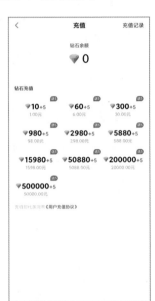

图 4-36　点击"钱包"按钮　图 4-37　点击"去充值"按钮　图 4-38　"充值"页面

4.4.1　直播打赏：基础的变现方式

直播打赏是主播收入来源的一种基础的变现方式，头条直播平台主播的分成比例为 50%。用户给主播进行打赏是出于对主播的喜爱和认同，而如果用户肯为主播持续地进行打赏，则是出于情感上的维系。除此之外，用户的荣誉感也是促使其为主播打赏的重要因素。

那么，主播该如何增加自己的打赏收入呢？具体包括以下几个方面。

（1）了解平台礼物对应的现金价值，对进行打赏的粉丝表示感谢和关注。

（2）及时回复用户的弹幕消息，减少用户流失，提高直播间的留存率。

（3）了解粉丝的黏性程度，知道哪些是一般的粉丝，哪些是忠实的粉丝，主播可以根据直播间的互动情况和礼物排行榜来判断，重点维护忠实粉丝。

（4）主播应该用心对待直播间的每一位用户，不要因为他们的等级不同就区别对待，以免厚此薄彼，导致用户流失。

（5）主播要提供给用户一个为你打赏的理由，比如帮你冲榜等。

（6）记住用户和粉丝的相关信息，关心他们最近的状况，让其产生强烈的归属感，增进彼此之间的感情。

（7）持续不断地生产和输出优质的直播内容，并积极进行互动，增加直播的频率和次数。

4.4.2　直播带货：火热的变现模式

直播带货是目前非常火热的一种直播变现模式，要想在今日头条上进行直播带货，主播先要开通商品卡功能，而要想申请商品卡功能，则需要满足三个申请条件，即加入创作者计划、粉丝数达到 1 万以上、信用分保持 100 分。

那么，商品卡功能的申请入口在哪里呢？打开今日头条 App，在"我的"页面点击"创作中心"右侧的"进入"按钮，如图 4-39 所示。然后在创作中心的页面点击"创作权益"按钮，如图 4-40 所示。进入"权益中心"页面，在"万粉权益"区域下即可找到商品卡功能的申请开通入口，如图 4-41 所示。

图 4-39　"我的"页面　图 4-40　点击"创作权益"按钮　图 4-41　"权益中心"页面

 专家提醒

满足申请条件但未开通商品卡功能的头条号，其商品卡区域的右侧会显示"申请开通"按钮，点击申请且审核通过后，会显示"已开通"标签。未达到申请条件的头条号，其商品卡区域的颜色为白色，且右侧不会显示"申请开通"按钮。

开通了商品卡功能后，主播就可以进行直播带货了。下面笔者就来讲解头条直播带货的操作步骤。

步骤 01 在创作者中心的页面点击"发布"按钮，在底部弹出的弹窗中点击"直播"按钮，如图 4-42 所示。

步骤 02 弹出"免费直播"和"付费直播"两个选项（未开通付费直播功能的头条号则不会弹出这个弹窗，而直接进入免费直播的页面），点击"免费直播"按钮，如图 4-43 所示。

图 4-42 点击"直播"按钮

图 4-43 点击"免费直播"按钮

步骤 03 进入免费直播的页面，点击"商品"按钮，如图 4-44 所示。

步骤 04 进入"直播商品"页面，点击"添加"按钮，如图 4-45 所示。

步骤 05 弹出"添加商品"弹窗，点击"添加普通商品"按钮，如图 4-46 所示。

步骤 06 进入"添加商品"页面，在选择的商品右侧点击"添加"按钮，如图 4-47 所示。

步骤 07 这时点击"⬚"按钮就可以在"直播商品"页面中看到已添加的商品，如图 4-48 所示。

步骤 08 添加完商品后回到免费直播的页面，点击"开始视频直播"按钮，如图 4-49 所示。

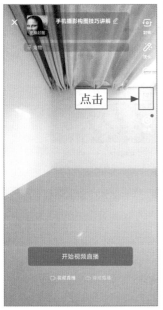

图 4-44　点击"商品"按钮　图 4-45　点击"添加"按钮　图 4-46　点击"添加普通商品"按钮

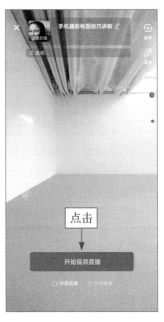

图 4-47　点击"添加"按钮　图 4-48　"直播商品"页面　图 4-49　点击"开始视频直播"按钮

第 4 章　头条直播：增加粉丝和收益

步骤 ⑨ 执行操作后，在已经开播的页面中点击""按钮，如图4-50所示。

步骤 ⑩ 弹出"直播商品"弹窗，点击"讲解"按钮，如图4-51所示。

图 4-50 点击 "🛍" 按钮

图 4-51 点击 "讲解" 按钮

步骤 ⑪ 执行操作后，主播就可以正式开始讲解和推荐商品了。同时，用户和观众在直播间也可以看到弹出的商品卡片。

4.4.3 直播带课：通过卖课程变现

在头条直播平台，主播除了可以卖货（普通商品）之外，还可以卖课程（知识付费商品），也就是所谓的直播带课。直播带课和直播带货的操作方法大致相同，前面几步都是一样的，因此笔者不再赘述，直接从进入"直播商品"页面开始介绍。

步骤 ⑴ 进入"直播商品"页面，点击"添加"按钮，在底部弹出的"添加商品"弹窗中，点击"添加知识付费商品"按钮。

步骤 ⑵ 进入"专栏"页面，然后在选择的课程右侧点击"添加"按钮，如图4-52所示。

步骤 ⑶ 返回"直播商品"页面，就可以看到已添加的商品，如图4-53所示。

步骤 ⑷ 添加完商品后返回免费直播的页面，点击"开始视频直播"按钮，正式开始直播。

步骤 05 在已经开播的页面中点击"📷"按钮，弹出"直播商品"弹窗，点击"讲解"按钮，如图 4-54 所示。

步骤 06 执行操作后，主播就可以正式开始讲解和推荐课程了。同样，用户和观众在直播间可以看到弹出的商品卡片。

图 4-52 点击"添加"按钮　图 4-53 "直播商品"页面　图 4-54 点击"讲解"按钮

介绍完直播带课的操作步骤之后，为了提高主播直播带课的用户转化率，笔者给大家提供几个直播带课的技巧，如图 4-55 所示。

直播带课的技巧
- 找到自己的定位，突出个人特色，打造个性化的 IP
- 做好各渠道的直播预告，且形成有规律的直播习惯
- 直播主题一定要与课程内容相承接，并且高度相关
- 讲解干货的同时让用户参与互动，从而把控直播节奏
- 通过讲解部分基础内容来吸引用户付费购买课程
- 通过抽奖和限时优惠等活动来激发用户的购买欲望

图 4-55 直播带课的技巧

4.4.4　付费直播：利用内容来变现

头条直播的付费直播功能可以让主播通过生产优质直播内容来获得变现，它也是直播常见的变现方式之一。主播利用该功能设置直播内容的价格后，用户可以试看三分钟，然后需要付费才能观看完整的直播内容和回放。

付费直播功能主要有以下几个方面的特色，如图 4-56 所示。

可以进行预约，而且发布的直播预告能够得到推荐

支持实时互动，从而方便主播分享干货和解答问题

付费直播功能的特色

制作门槛较低，只需手机或者电脑就可以直接开播

自动生成回放，可以让付费用户随时观看直播内容

图 4-56　付费直播功能的特色

在进行付费直播时，主播要遵守平台的相关规范，比如不能以任何方式向用户提供联系方式。此外，主播还需遵守付费直播的内容规范，这个主播可在平台规则的《付费直播创作者内容管理规范》中详细了解，如图 4-57 所示。

付费直播创作者内容管理规范

发布于 2020-07-10 20:19:56

平台致力于构建健康、良性的付费内容生态，鼓励创作者生产更多优质、原创度高、有价值的付费内容，同时更好地帮助原创作者变现。当前平台内出现了一些原创度低，质量较差的付费直播内容，这些内容并不是平台欢迎和鼓励的，也不是用户喜闻乐见的。

为了更好地规范创作者的发文，提升平台整体付费直播质量水平，现将平台认定的典型低质内容界定标准明示出来，希望各位创作者引以为戒，不要触碰低质红线。若出现平台认定的低质付费直播内容，平台有权进行推荐流量控制/下架付费直播等其他惩罚措施。

问题一：什么类型的付费直播不符合规范？

平台在现有规范的基础上，通过数据监测和已购用户的反馈建议，为各位创作者整理了当前现有的付费直播创作规范，真诚希望每位创作者在发文前仔细阅读。如你发的内容存在以下问题，将无法通过审核或被系统限制推荐范围，违规情节严重的，将会对付费直播做下架处理/取消付费直播权限等。请各位创作者严格遵守平台的内容创作规范，持续创作更多优质内容。

类型一：平台不允许的付费直播内容

- 违反法律法规和相关政策，包含但不限于以下场景：
  - 违反宪法确定的基本原则，煽动抗拒或者破坏宪法、法律、行政法规实施的；
  - 危害国家统一、主权和领土完整，泄露国家秘密，危害国家安全，损害国家尊严、荣誉和利益，宣扬恐怖主义、极端主义的；
  - 诋毁民族优秀文化传统，煽动民族仇恨、民族歧视，侵害民族风俗习惯，歪曲民族历史和民族历史人物，伤害民族感情，伤害民族团结的；
  - 煽动破坏国家宗教政策，宣扬宗教狂热，危害宗教和睦，伤害信教公民宗教感情，破坏信教公民和不信教公民团结，宣扬邪教、封建迷信的；
  - 危害社会公德，扰乱社会秩序，破坏社会稳定，宣扬淫秽色情、赌博、吸毒，渲染暴力、恐怖，教唆犯罪或者传授犯罪方法的；
  - 教唆、教授、组织他人进行违法违纪活动，以非法民间组织名义活动的，宣传违法违规物品的；

图 4-57　《付费直播创作者内容管理规范》部分内容

主播要想进行付费直播，就需要先申请付费直播的权限，和申请开通商品卡功能一样，付费直播也是在今日头条 App 的"我的→创作中心→创作权益→权益中心→万粉权益"页面申请开通。

开通付费直播功能的审核标准主要有以下四个，具体内容如下。

（1）内容优质的头条号。

（2）账号没有违规记录。

（3）健康、财经领域需要有相关资质。

（4）账号类型不是国家机构和其他组织。

付费直播的用户来源按照时间来划分，可分为三种类型，如图 4-58 所示。

图 4-58　付费直播的用户来源类型

主播在创建好付费直播以后，会获得平台的流量推荐，其流量展位主要有以下几项，如图 4-59 所示。

图 4-59　付费直播的流量展位

目前，付费直播不支持在今日头条极速版 App 和西瓜视频 App 上展示。在付费直播的推广引流中，预告视频非常重要，它决定了平台的流量推荐。因此，主播在创作和发布预告视频时，要做到以下几点，如图 4-60 所示。

除了在今日头条平台内部进行推广之外，主播还可以将预告视频分享到其他平台，如微信、QQ、微博等，从而吸引更多的流量。

我们该如何来创建付费直播呢？主播可以登录电脑端的头条号后台，单击"进阶创作"模块下的"付费直播"按钮，如图 4-61 所示。然后在"付费直播"页面单击"创建课程"按钮，如图 4-62 所示。

至少提前两天发布，以便获取足够的平台流量

将一个知识重点讲清楚，塑造直播内容的价值

预告视频的要点

预告视频的标题要吸引人，以获得更多流量

预告视频的内容要和付费直播的内容紧密相连

适当地营销自己，告知付费直播的时间和内容

图 4-60　预告视频的要点

图 4-61　单击"付费直播"按钮

接着进入"创建课程"页面，按照平台要求填写和设置好基本信息、价格与周期、课程介绍之后，单击"提交"按钮即可创建付费直播。图 4-63 所示，为"创建课程"的部分设置选项。

在创建付费直播时，主播需要注意以下几点，如图 4-64 所示。

在创建直播课程章节，编辑单场直播信息时，主播需要注意以下这些方面，具体内容如下。

（1）主播至少要提前 3 天来创建直播课程章节。

（2）付费直播课程章节不能添加其他形式的付费内容。

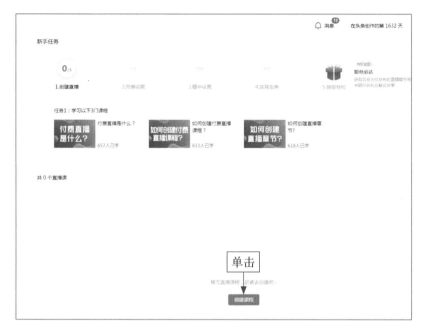

图 4-62　单击"创建课程"按钮

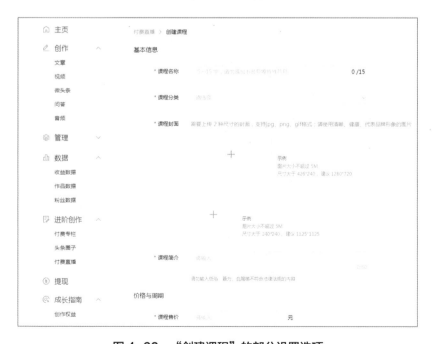

图 4-63　"创建课程"的部分设置选项

创建付费直播的 注意事项	主播至少要提前 3 天创建付费直播
	主播尽量多创建一些直播课程章节
	单场直播时长最好能超过一小时

图 4-64 创建付费直播的注意事项

（3）付费直播只能在直播开始时间的前 30 分钟后才能直播（例如直播的开始时间为晚上 8 点，则主播只能在 7:30 以后才能进行直播）。

（4）付费直播只能在早上 8 点到晚上 12 点的时间段进行。

（5）直播的章节（单场直播）只有通过审核之后，才能直播。

创建好付费直播之后，主播就可以在设定的直播时间内进行直播了。付费直播的操作步骤和免费直播基本一样，只是主播在弹出的弹窗中点击"付费直播"按钮（如图 4-43 所示的操作步骤），然后进入付费直播开始前的页面，选择开播内容（即创建付费直播时设置好的直播章节），点击"开始直播"按钮，如图 4-65 所示。

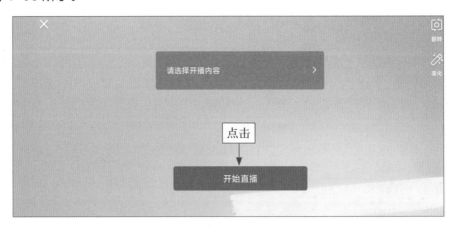

图 4-65 点击"开始直播"按钮

关于付费直播的内容要求，主播需要做到以下三点，具体内容如下。

（1）付费直播的内容要专业有深度。

（2）内容题材的选取范围尽量广泛。

（3）内容对用户有用，能解决问题。

主播在进行付费直播的过程中，要尽量避免以下这些行为和情况发生，否则可能会导致断播、封禁付费直播权限和冻结课程收益，如图 4-66 所示。

发生以下情况可能导致断播：

- 直播中出现骂人、对喷现象；
- 直播中穿着不得体，过于暴露；
- 长时间播放录制视频，全程无互动；
- 千术、风水、个股、个基推荐、迷信偏方类内容。

发生以下情况可能导致封禁付费直播权限并冻结课程收益：

- 直播涉及黄赌毒宣传和政治时事类内容；
- 调侃英雄人物、污蔑国家形象、恶意唱衰国家经济；
- 鼓吹传播违反法律、违背风序良俗的行为；
- 无故断更，且和官方沟通无果的情况。

图 4-66　直播过程中要避免的行为和情况

另外，主播还有以下两点需要注意，如图 4-67 所示。

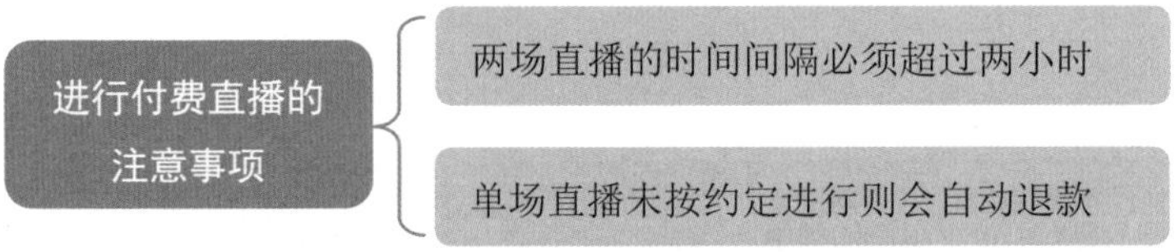

| 进行付费直播的注意事项 | 两场直播的时间间隔必须超过两小时 |
| | 单场直播未按约定进行则会自动退款 |

图 4-67　进行付费直播的注意事项

为了增加付费直播的曝光量，吸引更多的流量，主播还可以使用平台的"精华功能"进行推广。图 4-68 所示为精华功能的特点。

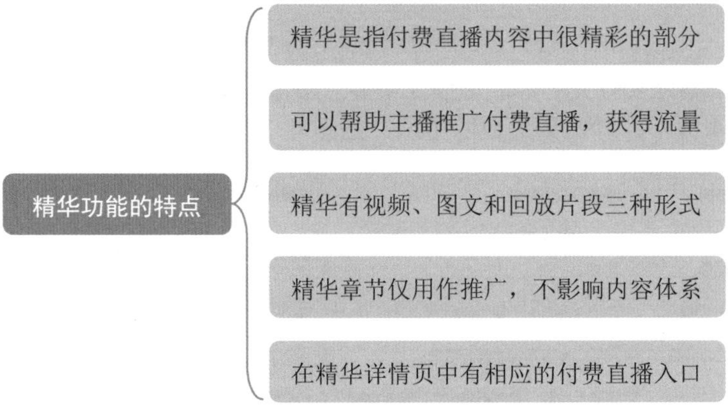

精华功能的特点	精华是指付费直播内容中很精彩的部分
	可以帮助主播推广付费直播，获得流量
	精华有视频、图文和回放片段三种形式
	精华章节仅用作推广，不影响内容体系
	在精华详情页中有相应的付费直播入口

图 4-68　精华功能的特点

精华功能是在付费直播中选取精彩的内容部分制作成视频、图文或回放片段进行推广，而这样的内容也叫作精华素材。那么，什么样的精华素材才算优质呢？它有以下这些要求，如图 4-69 所示。

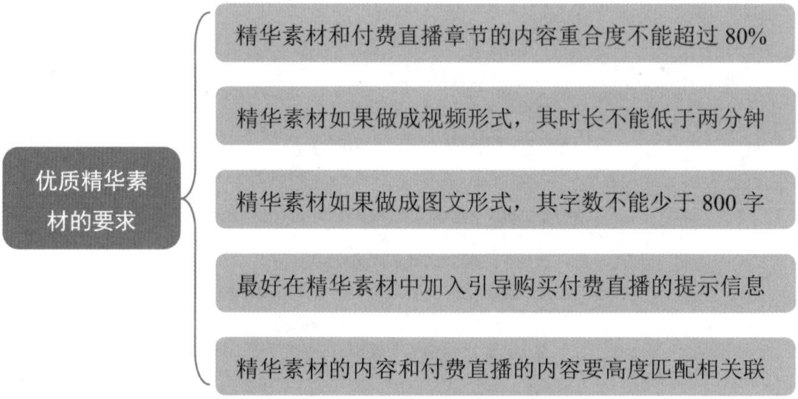

优质精华素材的要求

- 精华素材和付费直播章节的内容重合度不能超过 80%
- 精华素材如果做成视频形式，其时长不能低于两分钟
- 精华素材如果做成图文形式，其字数不能少于 800 字
- 最好在精华素材中加入引导购买付费直播的提示信息
- 精华素材的内容和付费直播的内容要高度匹配相关联

图 4-69 优质精华素材的要求

在制作精华素材时，主播要注意以下事项，如图 4-70 所示。

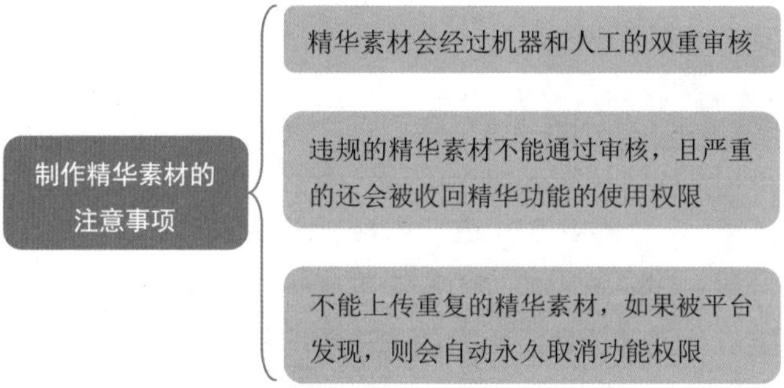

制作精华素材的注意事项

- 精华素材会经过机器和人工的双重审核
- 违规的精华素材不能通过审核，且严重的还会被收回精华功能的使用权限
- 不能上传重复的精华素材，如果被平台发现，则会自动永久取消功能权限

图 4-70 制作精华素材的注意事项

另外，笔者还要补充一点，主播在申请付费直播权限时，如果审核没有通过，主播可以参考以下这些申请失败的原因，如图 4-71 所示。

申请失败原因	对应的审核要求	详细标准
提交的专业资质不符合平台规范	财经/健康账号需要满足付费内容资质要求	参考财经资质上传规范、健康资质上传规范
发文质量不够稳定	人工综合评审账号图文/视频发文优质	优质内容标准可参考：优质内容评定标准
内容暂不适合付费	账号已有内容适合付费直播	可参考内容管理规范
账号有违规记录	账号无抄袭、发布不雅内容、违反国家政策法规等违规记录	点击链接查看申诉方式，所有违规申诉成功后，可重新申请权限
发文存在版权风险	账号已有内容需为原创/获得授权	游戏/影视解读等内容不适合开通付费直播
账号名或简介不符合平台规范	账号名或简介需要符合平台要求	账号名字/简介出现不规范用语、竞品引流、私人电话等无法通过权限审核

图 4-71 申请付费直播权限失败的各种原因

4.5 运营帮助：联系官方的人员

当主播的头条直播运营发展到一定程度时，今日头条的官方工作人员就会主动联系你，并在某个领域为你提供帮助，他们会通过头条私信、短信和电话等方式和你取得联系。但是，主播需要注意的是，在收到这类消息之后，要先辨别消息的真伪性，确定对方的身份，不要轻易相信对方，以免上当受骗。

当主播遇到不同问题时，需要咨询不同业务的工作人员。下面笔者总结了不同类型的问题对应的咨询对象，如图 4-72 所示。

不同类型的问题对应的咨询对象

- 直播相关的问题咨询直播运营的工作人员
- 电商相关的问题咨询电商运营的工作人员
- 短视频相关的问题咨询短视频的工作人员
- 其他问题在今日头条 App 的用户反馈咨询

图 4-72　不同类型的问题对应的咨询对象

用户反馈的入口，笔者在第 1 章就已经讲过，这里不再赘述。在"用户反馈"页面的"问题分类"模块右侧点击"更多"按钮，就可以进入"问题分类"页面，如图 4-73 所示。还可以在"用户反馈"页面点击"在线咨询"按钮，进入头条在线客服的咨询页面进行咨询，如图 4-74 所示。

图 4-73　"问题分类"页面　　　**图 4-74　头条在线客服咨询**

主播在和官方工作人员进行沟通、反馈问题时，要注意以下两个方面，从而实现高效沟通，更好地解决自己所遇到的问题，具体内容如下。

　　（1）尽量用文字进行沟通，并且语言表达要清楚。

　　（2）遇到平台系统出现的技术问题，要详细地描述问题并提供相应的截图，还要提供相关的信息，比如 App 版本号和手机型号等。

第5章

变现方式：
提高头条的收益

学前提示

　　作为一个自媒体人，大部分运营者做头条号的最终目的是实现变现、获取收益。那么，今日头条的变现方式有哪些呢？本章主要介绍今日头条的九种变现方式，从而帮助大家提高自己的头条收益。

5.1　内容变现：两种基础的收入

今日头条作为一个向用户推荐有价值、个性化信息的平台，其在内容上的获利是显而易见的。作为一个内容创作者，我们生产出优质的内容，既可以获得平台给予的收益，也可以获得用户的金额支持。本节笔者就来介绍头条运营者常见的两种变现方式。

5.1.1　内容创作：四种收入的来源

今日头条本质上是一个为用户提供优质内容和信息的平台，为了给用户提供更好的体验，吸引更多优秀的内容创作者入驻平台，平台会投入大量资金来扶持内容创作者。因此，对于头条号运营者来说，生产优质的内容就能够获得平台的创作补贴，而且内容的阅读（播放）量越多，所能获得的收入也就越多。

运营者可以通过发布文章、视频、问答、微头条来获得收益，下面笔者就来分别进行介绍。

1．文章创作收益

开通了"文章创作收益"权益（加入创作者计划即可开通）的运营者，在发布文章时，系统会默认选择投放广告，这样就有可能获得图文收益，收益全部归运营者所有。当然，在电脑端头条号后台发布文章时，运营者可以选择投放广告赚收益和投放自营广告，也可以选择不投放广告。

专家提醒

需要注意的是，在发布文章时，只有选择"投放广告赚收益"选项才有可能获得收益，选择投放自营广告或不投放广告是无法获得收益的。

运营者在今日头条 App 的"我的→创作中心→创作权益"页面，点击"立即加入"按钮，即可加入创作者计划。

2．视频创作收益

运营者开通了"视频创作收益"的权益后（加入创作者计划），在电脑端头条号后台发布横版原创视频时，平台会根据视频的播放量来为其计算收益。发布原创视频需要进行原创声明，运营者在电脑端头条号后台上传视频后，在"基本信息→创作类型"页面右侧选中"原创"单选按钮即可，如图 5-1 所示。

需要注意的是，当头条号的信用分低于 70 分时，视频所获得的收益将会折损；当信用分低于 60 分时，"视频创作收益"和"视频原创"的权益会被取消，之后发布的视频不会有任何收益。

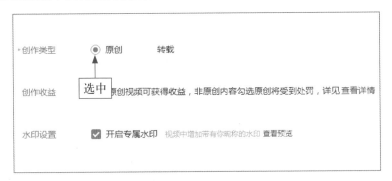

图 5-1　选中"原创"单选按钮

3. 问答创作收益

除了发布文章和视频以外，运营者还可以通过发布原创的问答内容来获取收益。同样，这也需要事先开通"问答创作收益"的权益（粉丝人数达到 100 人且信用分保持 100 分）。

4. 微头条创作收益

"微头条创作收益"权益和"问答创作收益"权益一样，都需要满足粉丝量达到 100 人且保持 100 分信用分的条件。运营者要想实现微头条变现，就需要发布非转发抽奖类的微头条，如此才有可能获得微头条收益。

5.1.2　用户赞赏：通过打赏来变现

除了获得平台收益以外，我们发布的文章（图文）和视频还可以通过用户赞赏来实现变现，这是因为用户和粉丝会对他特别喜爱的优质内容进行一定金额的打赏，以鼓励运营者创作出更多优质的内容。下面笔者就来介绍图文赞赏和视频赞赏。

1. 图文赞赏

图文赞赏功能可以提高运营者的收益，而且所得的收益全部归运营者所有。要想使用图文赞赏功能，需要先开通"图文赞赏"权益，其开通条件为粉丝人数达到 1000 人且信用分保持 100 分。

关于图文赞赏功能的使用，运营者只需要在电脑端头条号后台的"发布文章→发文特权"页面选择"允许赞赏"选项即可。

设置了图文赞赏功能的文章发布以后，用户在今日头条 App 阅读文章时，点击"…"按钮，如图 5-2 所示；在底部弹出的弹窗中点击"赞赏"按钮，如图 5-3 所示。进入赞赏的页面，选择金额和支付方式；点击"赞赏作者"按钮，即可进行打赏，如图 5-4 所示。

图 5-2　点击"…"按钮　　图 5-3　点击"赞赏"按钮　　图 5-4　点击"赞赏作者"按钮

已开通"图文赞赏"权益的头条号，系统是默认选择"允许赞赏"选项的，运营者也可以手动取消选择。除此之外，在使用图文赞赏功能的时候，运营者还要注意以下这些方面的事项，如图 5-5 所示。

- 每天限用 5 次赞赏机会。
- 文章勾选【允许赞赏】，发表后即使用 1 次赞赏，审核未通过或删除，赞赏次数不会恢复。
- 定时发表的文章占用提交当日（非发表当日）的赞赏次数。
- 设置双标题/双封面的文章，仅计算 1 次赞赏次数。
- 文章发布后，赞赏相关的功能不允许修改。
- 创作者通过赞赏获得的收入，平台不参与抽成。

图 5-5　使用图文赞赏功能的注意事项

2. 视频赞赏

视频赞赏功能可以使运营者在发布视频时，有机会获得用户和粉丝的打赏收益，和图文赞赏一样，需要开通"视频赞赏"权益（粉丝人数达到 1000 人且信用分保持 100 分）。除了在今日头条平台申请该权益以外，也可以在西瓜视频平台申请。

运营者在电脑端头条号后台的"发布视频"页面成功上传视频后，在"高级设置→赞赏设置"页面，选中"开启赞赏"单选按钮即可。

5.2 更多方式：其他的变现方式

除了前面所讲的两种常见的变现方式外，头条号还有多种其他的变现方法，比如任务接单、自营广告、头条小店和头条直播等。本节笔者就来逐一介绍这些变现方法，从而让大家更好地掌握并提高自己的收益。

5.2.1 任务接单：承接任务来变现

巨量星图是巨量引擎为优质创作者提供的"一站式"服务平台，同时也是为品牌商家提供高价值内容服务的平台，运营者可以通过在该平台上承接任务和商单来获取收益，同时还可以获得平台的流量扶持，其流量扶持规则如图 5-6 所示。

1. 粉丝数（今日头条、西瓜视频粉丝总数）≥5万的优质创作者通过巨量星图发布的内容将自动获赠「粉丝必达」。使用「粉丝必达」功能的文章除被系统正常推荐，还会对创作者的粉丝进行加权推荐。「粉丝必达」功能详见：粉丝必达百科

2. 入驻巨量星图平台的优质创作者在巨量星图接单将根据任务类型获得5,000～20,000曝光量不等的「头条加油包」奖励，单位创作者每日奖励上限200,000，奖励将于创作者接收任务的次日到账。「头条加油包」使用指南详见：头条加油包百科

- 头条撰稿文章任务：赠送20,000头条加油包推荐量
- 头条直发文章任务：赠送5,000头条加油包推荐量
- 微头条撰稿任务：赠送10,000头条加油包推荐量
- 问答撰稿任务：赠送10,000头条加油包推荐量

图 5-6 巨量星图平台的流量扶持规则

运营者要想加入巨量星图平台，其账号粉丝量需要达到 1 万以上，然后填写《头条创作者巨量星图平台权限申请表》，通过审核后才可开通平台权限。

那么，运营者该如何接单呢？下面笔者就来讲解具体的操作步骤。

步骤 01 进入巨量星图官网，单击"登录"按钮，如图 5-7 所示。

步骤 02 进入选择身份的页面，选择"达人／创作者"选项，如图 5-8 所示。

步骤 03 进入选择平台的页面，选择"我是头条创作者"选项，如图 5-9 所示。

步骤 04 进入"今日头条授权登录"页面，运营者可以选择账号密码登录或手机验证码登录两种登录方式，然后单击"授权并登录"按钮，如图 5-10 所示。

步骤 05 进入"我的星图"页面，单击导航栏中的"任务大厅"按钮，如图 5-11 所示。

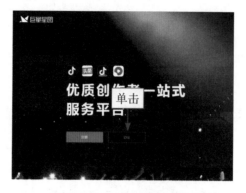

图 5-7 单击"登录"按钮

图 5-8 选择"达人 / 创作者"选项

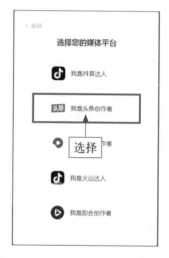

图 5-9 选择"我是头条创作者"选项

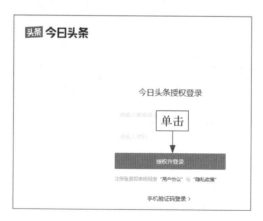

图 5-10 单击"授权并登录"按钮

图5-11 单击"任务大厅"按钮

步骤 06 进入"任务大厅"页面，运营者可以分别查看"指派给我""我可投稿"和"我可抢单"中的任务。例如，在"我可投稿"页面中，单击任务右侧的"参与投稿"按钮即可接单，如图5-12所示。

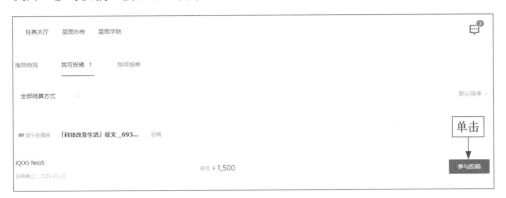

图5-12 单击"参与投稿"按钮

"指派给我"中的任务只有在运营者开通任务并设置报价之后才能开始接单，运营者可在"我的星图"页面中单击"服务管理"模块中的"头条服务管理"按钮，如图5-13所示。

执行上述步骤后，进入"图文服务"页面，在已开通的任务中单击"设置报价"按钮，如图5-14所示；弹出"任务报价设置"的提示框，输入价格后，单击"确定"按钮即可，如图5-15所示。

图 5-13　单击"头条服务管理"按钮

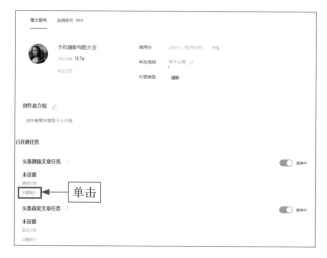

图 5-14　单击"设置报价"按钮

图 5-15　单击"确定"按钮

运营者在接单的时候，有以下三点注意事项，如图 5-16 所示。

接单的注意事项

接单后如果运营者没有履行约定或被投诉，则会被扣除信用分以及受到相应的处罚

如果客户在中途取消了任务，则需要向运营者支付一定的赔偿金

如果运营者没有时间接单，可以在巨量星图官网中关闭接单开关

图 5-16　接单的注意事项

5.2.2　自营广告：通过推广来变现

自营广告是一种个性化的推广方式，运营者可以自主设置广告素材，进行投放推广，从而获得自营广告收益。要想通过自营广告来变现，运营者就需要开通"自营广告"权益（粉丝人数达到 1000 人且信用分保持 100 分）。

那么，如何设置自营广告内容呢？运营者可在电脑端头条号后台的"数据→收益数据"页面中单击"更多收益"按钮，并在下拉列表中选择"自营广告"选项，如图 5-17 所示。

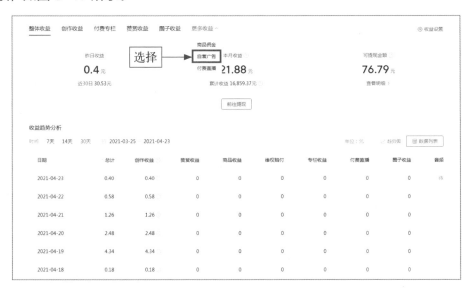

图 5-17　选择"自营广告"选项

执行上述步骤后，进入"自营广告"页面，在"新增自营广告"模块中添加图片或图文类型的自营广告，设置好之后单击"提交"按钮即可，如图5-18所示。

图 5-18　单击"提交"按钮

执行操作后，平台还需要对添加的自营广告信息进行审核，审核的时间一般为 1 ~ 3 天。添加好自营广告后，运营者还需要在"发布文章→投放广告"页面选择"投放自营广告"选项，这样在发布文章后，才会投放自营广告内容。

专家提醒

前文笔者说过，自营广告是没有平台收益的。但是，它可以通过平台推荐获得用户流量，只需要在自营广告中加入联系方式，将用户引流到自己的私域流量池中，再进行引导转化，就可以达到变现的目的。因此，自营广告用来推广引流是一个不错的选择。

5.2.3　头条小店：开设店铺来变现

头条小店是今日头条推出的电商变现工具，可以帮助运营者提高自己的变现收益。头条小店是头条内容电商运营的重要内容，也是头条运营者非常重要的变现方式之一，开通了头条小店功能的运营者，可以通过销售商品来进行变现。

关于头条小店的运营方法等具体内容，笔者已经在第 3 章中详细地为大家讲解过了，这里不再过多地赘述。

5.2.4　商品橱窗：能赚取佣金收益

头条的商品橱窗功能和头条小店一样，都是通过售卖商品来变现，不同的是，两者的门槛和条件不一样，具体如下。

（1）商品橱窗只需要开通商品卡功能即可。

（2）头条小店只能是个体工商户和企业入驻。

开通了商品橱窗功能的头条号，可以通过分销商品来赚取佣金收益。关于商品卡功能的开通和橱窗的商品添加技巧的内容，笔者已经在第 4 章直播章节详细地介绍过了，这里不再过多地赘述。

5.2.5　付费专栏：内容收费来变现

今日头条的付费专栏是一种类似知识付费的变现方式，运营者开通了"付费专栏"权益后（粉丝人数达到 10000 人且信用分保持 100 分），就可以发布图文、视频和音频形式的付费内容。当用户购买付费专栏以后，运营者即可获得收益分成。

开通"付费专栏"权益的审核条件有以下三个，如图 5-19 所示。

```
1.有头条号且完成身份校验：作者申请付费专栏前，需要注册头条号，且完成身份校验。

2.头条历史发文（文章/视频）不少于5篇：历史需发过免费文章/视频，且至少有一个体裁发文数不少于5篇。

3.符合付费专栏创作者内容管理规范。
```

图 5-19　开通"付费专栏"权益的审核条件

图 5-20 所示为头条号"手机摄影构图大全"创建的付费专栏。

图 5-20　头条号"手机摄影构图大全"创建的付费专栏

5.2.6 付费圈子：通过社群来变现

付费圈子是今日头条为运营者提供的用来和粉丝互动的营销变现工具，类似于 QQ 付费群。运营者可以通过付费圈子功能来创建付费的社群，然后为粉丝提供有价值的内容和服务，从而实现变现。

当然，运营者也可以选择创建免费的圈子。付费圈子不仅能够让运营者获得收益，而且还能和粉丝进行交流互动，提高粉丝黏性，实现精细化的运营，从而打造一个优质的社群。

运营者要想创建付费圈子，需要先开通"付费圈子"权益（粉丝人数达到 10000 人且信用分保持 100 分），其开通审核条件如图 5-21 所示。

图 5-21 付费圈子的开通审核条件

那么，运营者该如何创建付费圈子呢？首先在电脑端头条号后台的"进阶创作→头条圈子→我的圈子"页面中单击"创建圈子"按钮，如图 5-22 所示。

图 5-22 单击"创建圈子"按钮

然后，进入"头条圈子服务协议"页面，阅读相关内容，在协议内容底部单击"同意"按钮，如图 5-23 所示。进入"创建圈子"页面，按照要求填写相关信息，并根据自己的需求进行设置。

图 5-23 单击"同意"按钮

运营者进行设置的时候，需要在"付费设置"区域选中"付费"单选按钮，如图5-24所示。全部设置好以后，单击"发布"按钮，等待审核通过即创建成功。

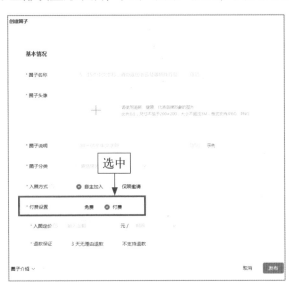

图 5-24 选中"付费"单选按钮

5.2.7 头条直播：四种变现的方式

直播是目前互联网非常火爆的产品之一，在这个全民直播的时代，越来越多的人通过直播来输出自己的内容，进而获取收益。头条直播也是头条运营者变现的途径之一，其变现方法主要有四种，具体内容如下。

（1）直播打赏。

（2）直播带货。

（3）直播带课。

（4）付费直播。

关于这四种直播变现方法的具体内容，笔者已经在第 4 章为大家详细地介绍过了，这里同样不再过多地赘述。

第6章

账号打造：
做好运营的准备

学前
提示

　　作为一个拥有巨大流量的平台，抖音俨然已经成为各自媒体人、商家、企业必备的运营平台。那么，抖音平台运营需要做好哪些工作呢？

　　本章笔者将从账号定位、运营要点等方面，全面讲解抖音运营的准备工作。

6.1 账号定位：从五个角度出发

在抖音运营的过程中，必须做好账号定位。账号定位，简单地理解，就是确定账号的运营方向。抖音账号定位具体可细分为行业定位、内容定位、产品定位、用户定位和人设定位五个部分。可以说，只要账号定位准确，运营者就能很好地把握账号的发展方向，获得更多用户的认可。

6.1.1 行业定位：选择擅长的领域

行业定位就是确定账号分享内容所属的行业和领域。通常来说，运营者在做行业定位时，只需选择自己擅长的领域，并在账号名字上体现自身的行业定位即可。例如，擅长摄影的运营者可以选择将摄影领域作为定位；擅长唱歌的运营者可以选择将音乐领域作为定位，如图 6-1 所示。

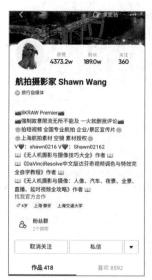

图 6-1　根据擅长领域做行业定位的案例

当然，有时候某个行业包含的内容比较广泛，且抖音上做该行业内容的抖音号已经比较多了，此时，运营者便可以通过对行业进行细分，侧重从某个细分领域打造账号内容。

比如，化妆行业包含的内容比较多，这个时候我们就可以通过领域细分从某方面进行重点突破。这个方面比较具有代表性的，当数有着"口红一哥"之称的某位美妆类运营者了。该运营者便是通过重点分享口红的相关内容，来吸引对口红感兴趣的用户人群。

又如，摄影包含的内容比较多，但现在越来越多的人直接用手机拍摄视频，而且这其中又有许多人对摄影构图比较感兴趣。因此，抖音号"手机摄影构图大全"便针对这一点专门深挖手机摄影构图技巧，如图6-2所示。

图6-2 抖音号"手机摄影构图大全"

6.1.2 内容定位：选择创作的题材

抖音号的内容定位就是选择和领域相匹配的创作题材，并针对性地生产出垂直的优质内容。通常来说，运营者在做内容定位时，只需结合账号定位确定需要发布的内容即可。例如，抖音号"长投学堂"的账号定位是金融领域，所以该账号发布的内容就以投资理财为主，如图6-3所示。

图6-3 抖音号"长投学堂"发布的内容

运营者确定了账号的内容方向之后，便可以根据该方向进行内容的生产了。当然，在抖音号运营的过程中，内容的生产也是有技巧的。具体来说，运营者在生产内容时，可以运用以下技巧，持续打造优质的短视频内容，增强吸粉涨粉的效果，如图 6-4 所示。

```
生产抖音短视频内容的技巧
├─ 做自己真正喜欢和所擅长的领域内容
├─ 做更垂直、有差异化的细分领域内容
├─ 多看热门推荐的内容，总结借鉴其优点
└─ 尽量做原创的短视频内容，不搬运抄袭
```

图 6-4　生产抖音短视频内容的技巧

6.1.3　产品定位：选择合适的商品

大部分人之所以做抖音运营，就是希望能够借此变现，获得一定的收益。而产品销售又是比较重要的一种变现方式，因此选择合适的变现产品，进行产品的定位就显得尤为重要。

那么，运营者要如何进行产品定位呢？在笔者看来，根据运营者自身的情况，可以将抖音号的产品定位分为两种：一种是根据自身拥有的产品进行定位；另一种是根据自身业务范围进行定位。

根据自身拥有的产品进行定位很好理解，就是看自己有哪些产品是可以销售的，然后将这些产品作为销售的对象进行营销。例如，某位运营者是一家宠物店老板，宠物店主要以售卖龙猫为主，因此他的抖音短视频内容都是展示各种可爱的龙猫，以此来吸引广大用户，如图 6-5 所示。

根据自身业务范围进行定位，就是发布与账号业务相关的短视频，然后根据短视频内容插入对应的产品链接。这种定位方式比较适合于自身没有产品的运营者，这部分运营者只需根据短视频内容添加他人的产品链接，便可以借助该产品的链接获得佣金收入。

例如，抖音号"白醋少女"商品橱窗里面的这些推荐商品都不是其本人自己的，而是来自他人橱窗和各大电商平台，如图 6-6 所示。通过推荐他人或其他平台的商品可以获得相应的佣金收入，运营者只需要制作出与产品相匹配的视频内容即可。

图 6-5　展示宠物龙猫

图 6-6　"白醋少女"商品橱窗里的推荐商品

6.1.4　用户定位：找准精准的人群

在抖音运营中，运营者如果能够明确用户群体，那么其生产的内容将更具有针对性，也就能吸引精准的流量粉丝，从而账号的权重也就更高。

在做用户定位时，运营者可以从性别、年龄和地域分布等方面分析目标用户，了解用户的画像，并在此基础上更好地做出有针对性的运营策略。

（1）性别：可以分析这个账号的粉丝是男性多，还是女性多。如果你带货产品的主要消费群体为女性，但是账号中的粉丝却是男性偏多，那你可能需要有意识地多打造一些吸引女性用户的内容。

（2）年龄：可以分析这个账号中粉丝的各年龄段占比情况，了解粉丝主要集中在哪个年龄段，然后重点生产受这个年龄段粉丝欢迎的内容，增强粉丝的黏性。

（3）地域分布：可以明确粉丝主要集中于哪些地区，然后结合这些地区的文化，生产粉丝们更喜欢的内容。

在了解用户画像情况时，我们可以适当地借助一些数据分析平台，例如飞爪数据抖音版。图 6-7 所示为抖音号"硬核的半佛仙人"的粉丝数据分析。

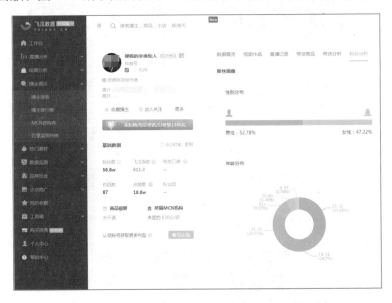

图 6-7　抖音号"硬核的半佛仙人"的粉丝数据分析

6.1.5　人设定位：打造个性化风格

人设是人物设定的简称。所谓人物设定，就是运营者通过短视频和直播内容，塑造专属自己的典型形象和个性特征。通常来说，成功的人设能在用户和粉丝心中留下良好的深刻印象，让他们能够通过某个或者某几个标签，快速地联想到该抖音号或者运营者本人。

例如，说到反串和一人分饰两个角色这两个标签，大多数用户可能首先想到的就是某个抖音号。这主要是因为该账号运营者在自己发布的短视频中，会同时扮演一位红色披肩长发的"女性"和该女性的男朋友。

也就是说，这位运营者直接一人分饰了两个角色。再加上其发布的抖音短视频内容很贴近生活，而且其中人物的表达又比较幽默搞笑，因此该账号发布的内容，通常会快速吸引大量用户的关注。

人物设定的关键就在于为账号运营者贴上标签。那么，如何才能快速地贴上标签呢？其中一种比较有效的方式就是通过短视频内容来凸显运营者某方面的特征，从而强化人物的标签。

例如，某运营者为了突出自己"文化学者、作家"的人设标签，经常会发布一些讲解历史、传统文化小知识的短视频，或给用户推荐自己的著作。图6-8所示为该运营者账号主页的人设标签和分享传统文化知识的短视频。

图6-8　某运营者的账号主页和分享的短视频

6.2　运营要点：把握五个关键点

面对火爆的抖音，我们应该如何正确地做好运营，吸引更多的用户流量呢？这就需要运营者掌握抖音运营的要点了。

6.2.1 数据复盘：做好经验的总结

要想成为优秀的抖音运营者，除了做好日常的运营工作之外，还要进行必要的数据复盘。复盘不是简单地总结，而是对你过去所做的全部工作进行一个深度的思维演练。抖音运营复盘的作用主要体现在以下四个方面。

（1）了解抖音账号运营的整体规划和进度。

（2）看到自身的不足和对手的优势等。

（3）能够站在全局的高度和立场，看待整体局势。

（4）找出并剔除失败因素，重现并放大成功因素。

总的来说，抖音的复盘就是回顾运营情况，并在此过程中分析和改进运营中出现的各种问题，从而优化方案。抖音的运营与项目管理非常相似，成功的运营离不开好的方案指导。只有采用科学的复盘方案，才能保证抖音的运营更加专业。

对于运营者来说，复盘是一项必须学会的技能，是个人成长的重要能力，我们要善于通过复盘来将经验转化为能力，具体的操作步骤如下。

1．回顾目标

目标就好像一座大厦的地基，如果地基没有建好，那么大厦就会存在很大的隐患，因此不科学的目标可能会导致抖音运营失败。因此，我们在做抖音运营之前，就需要拟定一个清晰的目标，并不断回顾和改进。

2．评估结果

复盘的第二个任务就是评估结果，看是否与当初制定的目标有差异，主要包括刚好完成目标、超额完成目标、未完成目标和添加新目标等四种情况，分析相关的结果和问题，并加以改进。

3．分析原因

分析原因是复盘的核心环节，包括成功的因素是什么和失败的根本原因是什么。例如，发布的短视频为什么没有人关注，或者哪些短视频成功地吸引到大量粉丝关注等，将这些成功或失败的原因都分析出来。

4．总结经验

复盘的主要作用就是将运营中的所有经验转化成个人能力，因此，最后一步就是总结出有价值的经验，包括得失的体会，以及是否有规律性的东西值得思考，还包括下一步的行动计划。

6.2.2 风格统一：打造人格化的 IP

从字面意思来看，IP 的全称为 intellectual property，其大意为"知识产权"，百度百科的解释为"权利人对其智力劳动所创作的成果和经营活动中的标记、信誉所依法享有的专有权利"。

如今，IP 常常用来指代那些有人气的东西，包括现实人物、书籍动漫、影视作品、虚拟人物、游戏、景点、综艺节目、艺术品、体育等，IP 可以用来指代一切火爆的元素。IP 的主要特点如下。

（1）人格化：IP 具有能够快速被人记住的形象特征。

（2）小众化：IP 可以满足部分群体的特殊需求。

（3）传播力：IP 能够持续生产和传播特定的内容、产品。

（4）影响力：IP 通常可以抢占新的平台或风口，从而让大部分人能够看到，并影响他们。

在短视频领域中，个人 IP 就是基于账号定位来形成的，而超级 IP 不仅有明确的账号定位，而且还能够跨界发展。

对于普通人来说，在这个新媒体时代，要变成超级 IP 并不难，关键是我们如何去做。下面笔者总结了一些打造 IP 的方法和技巧，如图 6-9 所示。

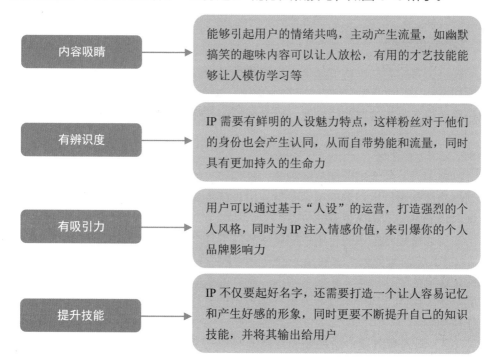

图 6-9 打造 IP 的方法和技巧

6.2.3 推荐机制：了解平台的算法

要想成为短视频领域的超级 IP，我们首先要想办法让自己的作品火爆起来，这是成为 IP 的一条捷径。如果用户没有那种一夜爆火的好运气，就需要一步一步脚踏实地地做好自己的短视频内容。当然，这其中也有很多运营技巧，能够帮助用户提升短视频的关注量，而平台的推荐机制就是不容忽视的重要环节。

以抖音平台为例，用户发布到该平台的短视频需要经过层层审核，才能被大众看到，其背后的主要算法逻辑分为三个部分，分别为智能分发、叠加推荐、热度加权，具体内容如下。

1．智能分发

首先根据用户的账号标签，结合地理位置和关注人群，来进行智能推荐短视频，分发一定的流量。

2．叠加推荐

如果短视频刚开始获得的流量数据表现好，如完播率高、评论和点赞数多，抖音算法则会认为该内容受欢迎，从而继续加持流量，将短视频持续叠加推荐给更多人。

3．热度加权

在经过多轮叠加推荐流量后，短视频的完播率、点赞量、评论量、转发量等数据都很好，说明其内容经受了用户的检验，通过大数据算法的层层热度加权后，该作品会进入抖音的推荐内容池，成为爆款短视频。

6.2.4 剧本策划：五个注意的规则

抖音平台上的大部分爆款短视频，都是经过拍摄者精心策划的，因此，剧本策划也是成就爆款短视频的重要条件。短视频的剧本可以让剧情始终围绕主题，保证内容的方向不会产生偏差。

在策划短视频剧本时，用户需要注意以下几个规则。

（1）选题有创意。短视频的选题要尽量独特有创意，同时要建立自己的选题库和标准的工作流程，不仅能够提高创作的效率，而且还可以刺激观众持续观看的欲望。例如，用户可以多收集一些热点加入选题库中，然后结合这些热点来创作短视频。

（2）剧情有落差。短视频通常需要在短短 15 秒内将大量的信息清晰地叙述出来，因此内容一般都比较紧凑。尽管如此，用户还是要脑洞大开，在剧情上安排一些高低落差，来吸引观众的眼球。

（3）内容有价值。不管是哪种内容，都要尽量给观众带来价值，让用户值得为你付出时间成本，来看完你的视频。例如，做搞笑类的短视频，就需要给用户带来快乐；做美食类的视频，就需要让用户产生食欲，或者让他们有实践的想法。

（4）情感有对比。短视频的剧情可以源于生活，采用一些简单的拍摄手法，来展现生活中的真情实感，同时加入一些情感的对比，这种内容反而更容易打动观众，主动带动用户情绪气氛。

专家提醒

　　在设计短视频的台词时，内容的舞动性要强，能够触动用户的情感点，让他们产生共鸣。

（5）时间有把控。拍摄者需要合理地安排短视频的时间节奏，以抖音为例，默认为拍摄 15 秒的短视频，这是因为这个时间长度的短视频是最受观众喜欢的，而短于 7 秒的短视频不会得到系统推荐，长于 30 秒的则观众很难坚持看完。

策划剧本，就好像写一篇作文，有主题思想、开头、中间以及结尾，情节的设计就是丰富剧本的组成部分，也可以看成小说中的情节设置。一篇成功的吸引人的小说必定少不了跌宕起伏的情节，短视频的剧本也一样，因此在策划时要注意以下几点，具体如图 6-10 所示。

图 6-10　策划短视频剧本的注意事项

6.2.5　技巧方法：提升账号的权重

有了短视频内容后，用户还需要掌握一定的运营技巧，让自己拍摄的短视频能够被更多的观众看到。笔者这里重点挑选了四个可以帮助大家提升账号推荐权重的维度，分别为垂直度、活跃度、健康度和互动度。

1. 垂直度

什么是垂直度？通俗来说，就是用户拍摄的短视频内容，符合自己的目标群体定位，这就是垂直度。例如，用户是一个化妆品商家，想要吸引对化妆感兴趣的女性人群，此时就拍摄了大量的短视频化妆教程，这样的内容垂直度就比较高了。

目前，抖音是采用推荐算法的短视频平台，会根据用户的账号标签来给其推荐精准的流量。例如，用户发布了一个旅游类的短视频，平台在推荐这个短视频后，很多观众都给他的短视频点赞和评论了。对于这些有大量互动的观众，此时平台就会将用户的内容打上"旅游类"的标签，同时将用户的短视频推送给更多旅游爱好者观看。但是，如果用户之后再发布一个搞笑类的短视频，则由于内容垂直度很低，与推荐的流量属性匹配不上，自然点赞和评论数量也会非常低。

推荐算法的机制就是用标签来精准匹配内容和流量，这样每个观众都能看到自己喜欢的内容，每个创作者都能得到粉丝关注，平台也才能长久地活跃。要想提升账号的垂直度，用户可以从以下几个方面入手。

（1）塑造形象标签。形象标签可以从账号名称、头像、封面背景等方面下功夫，让大家一看到你的名称和头像就知道你是干什么的。因此，用户在设置这些基本账号选项时，一定要根据自己的内容定位来选择，这样才能吸引到更多精准的流量。例如，"手机摄影构图大全"这个抖音号，名字中有"手机摄影"和"构图"等明确的关键词，头像也是采用一个基于黄金分割构图的"蒙娜丽莎"名画，发布的内容都是摄影构图方面的知识，因此内容的垂直度非常高。

（2）打造账号标签。有了明确的账号定位后，用户可以到同领域大号的评论区引流，也可以找一些同行业的大号进行互推，增加短视频的关注和点赞量，培养账号标签，获得更多精准粉丝。

（3）打造内容标签。用户在发布短视频时，要做到风格和内容的统一，不要随意切换领域，尤其是前面的短视频，一定要根据自己的账号标签来发布内容，让账号标签和内容标签相匹配，这样账号的垂直度就会更高。

2．活跃度

活跃度是短视频平台一个重要的运营指标，每个平台都在努力提升自己的活跃度。活跃度是各个平台竞争的关键要素，因此创作者必须持续输出优质的内容，帮助平台提升活跃度，这样平台也会给这些优质创作者更多的流量扶持。

3．健康度

健康度主要体现在观众对用户发布的短视频内容的爱好程度，其中，完播率就是最能体现账号健康度的数据指标。内容的完播率越高，就说明观众对短视频的满意度越高，则用户的账号健康度也就越高。

因此，用户需要努力打造自己的人设魅力，提升短视频内容的吸引力，保证优良的画质效果，同时还需要在内容剧本和标题文案的创意上下功夫。

4．互动度

互动度显而易见就是指观众的点赞、评论、私信和转发等互动行为，因此，用户要积极回复观众的留言，做好短视频的粉丝运营，培养强信任关系。

在短视频运营中，用户也应该抓住粉丝对情感的需求。其实不一定非要是"人间大爱"，任何形式的、能够感动人心的细节方面的内容，都可能会触动不同粉丝的心灵。短视频个人 IP 做粉丝运营的最终目标是，让用户按照自己的想法，去转发内容，来购买产品，给产品好评，并分享给他的朋友，把用户转化为最终的消费者。

第7章
吸粉引流：
增加粉丝和流量

学前
提示

　　要想利用抖音平台来进行变现，就要拥有足够多的粉丝和流量，通过各种方式来吸引用户关注。本章笔者将从两个角度来为大家讲解抖音的吸粉和引流，一方面是为抖音账号吸粉；另一方面是将抖音粉丝引流到个人微信的私域流量池中。

7.1　吸粉技巧：为抖音账号吸粉

在互联网中，只要有了流量，变现就不是难题了。而如今的抖音，就是一个坐拥庞大流量的平台。运营者只要运用一些小技巧，就可以吸引到大部分流量，有了流量，就可以更好地进行变现。

7.1.1　硬广告引流：展示品牌来吸粉

硬广告引流法是指通过在短视频中展示产品或品牌来获得流量的一种方法。运用这种方法引流时，运营者可以直接展示产品和品牌的优势，也可以将平时朋友圈发的反馈图全部整理出来，然后将这些反馈图制作成短视频。

例如，魅族 18 新品手机上市时，该手机品牌的企业抖音号便是通过展示产品的优势来进行硬广告引流的，如图 7-1 所示。

图 7-1　通过展示产品优势进行硬广告引流

7.1.2　直播引流：通过开播来吸粉

直播对于运营者来说意义重大，一方面，运营者可以通过直播销售商品，获得收益；另一方面，直播也是一种有效的吸粉方式。只要用户在观看直播的过程中点击关注，便会成为运营者的粉丝。

在某运营者的直播间中，用户只需要点击界面右下角的头像，如图 7-2 所示；然后在底部弹出的弹窗中点击"关注"按钮即可，如图 7-3 所示。当然，运营者也可以直接点击左上角头像右侧的"关注"按钮。

图 7-2　点击头像

图 7-3　点击"关注"按钮

7.1.3　评论引流：要注意三个问题

许多用户在看抖音短视频时，会习惯性地查看评论区的内容。与此同时，用户如果觉得短视频内容比较有趣，还可以通过 @ 抖音号，吸引其他用户前来观看该视频。因此，如果用户评论区利用得当，也可以收到不错的引流效果。

抖音短视频中能够呈现的内容相对有限，这就有可能出现一种情况，那就是有的内容需要进行一些补充。此时，运营者便可以通过评论区的自我评论来进一步进行表达。另外，在短视频刚发布时，看到短视频的用户并不是很多，也不会有太多的用户评论。如果此时用户进行自我评论，也能从一定程度上提高短视频的评论量。

除了自我评论补充信息之外，运营者还可以通过回复评论解决用户的疑问，引导用户关注，达到吸粉的目的。

回复评论看似是一件再简单不过的事，实则不然。为什么这么说呢？这主要是因为在进行评论时还有以下一些需要注意的事项。

1. 第一时间回复评论

运营者应该尽量在第一时间回复用户的评论，这主要有两个方面的好处。一是快速回复用户能够让用户感觉到你对他（她）很重视，这样自然能增加用户对运营者的好感；二是回复评论能够从一定程度上增加短视频的热度，让更多用户看到你的短视频。

那么，运营者如何才能做到第一时间回复评论呢？其中一种比较有效的方法就是在短视频发布的一段时间内，及时查看用户的评论。一旦发现有新的评论，便在第一时间作出回复。

2. 不要重复回复评论

对于相似的问题，或者同一个问题，运营者不要重复进行回复，这主要有两个方面的原因：一是重复回复会让用户产生反感情绪；二是相似的问题，点赞度高的问题会排到评论区靠前的位置，运营者只需选择点赞度较高的问题进行回复，其他有相似问题的用户自然就能看到。而且这还能减少评论的回复工作量，节省大量的时间。

3. 注意规避敏感词汇

对于一些敏感的问题和词汇，运营者在回复评论时一定要尽可能规避。当然，如果避无可避，也可以采取迂回战术，如不对敏感问题作出正面的回答，用一些其他意思相近的词汇或谐音代替敏感词汇。

7.1.4 互推引流：选择合适的账号

互推就是互相推广的意思。大多数抖音号在运营过程中，都会获得一些粉丝，只是粉丝量可能并不是很多。此时，运营者便可以通过与其他抖音号进行互推，让更多用户看到你的抖音号，将对方的用户流量吸引到自己的账号中。

在抖音平台中，互推的方法有很多，其中比较直接有效的一种互推方法就是在短视频中互相 @，让用户看到相关短视频之后，就能看到互推的账号。

在选择合作的互推账号时，运营者要尽量选择那些粉丝量比较多的抖音号，不然账号互推就没有多大意义。

7.1.5 矩阵引流：打造多个抖音号

抖音矩阵就是账号和账号之间建立联系，打通粉丝渠道，从而吸引更多用户流量，最大限度地提高商业价值。抖音矩阵的类型主要有四种，即家庭矩阵、团队矩阵、MCN（Multi-Channel Network）矩阵和个人矩阵。

矩阵吸粉引流主要有以下几种玩法，具体内容如下。

（1）两个或多个账号合拍视频。

（2）只关注矩阵账号。

（3）标题中 @ 矩阵账号。

（4）评论中 @ 矩阵账号。

（5）个性签名中引导关注。

当然，矩阵引流的玩法一般企业运用得比较多，像小米公司、华为公司等。图 7-4 所示为小米公司的抖音矩阵；图 7-5 所示为华为公司的抖音矩阵。

图 7-4　小米公司的抖音矩阵

图 7-5　华为公司的抖音矩阵

7.1.6　分享引流：转发作品来吸粉

抖音中有分享转发功能，运营者可以借助该功能，将抖音短视频分享至对应的平台，从而达到吸粉的目的。那么，如何借助抖音的分享转发功能来吸粉呢？接下来，笔者就以微信朋友圈为例介绍具体的操作步骤。

步骤 01　打开抖音 App，在视频浏览页面点击"□"按钮，如图 7-6 所示；弹出弹窗，点击"朋友圈"按钮，如图 7-7 所示。

图 7-6　点击"□"按钮

图 7-7　点击"朋友圈"按钮

步骤 ②　弹出弹窗，点击"复制口令发给好友"按钮，如图 7-8 所示；跳转到微信 App，选择一位好友，发送粘贴的口令即可，如图 7-9 所示。

图 7-8　点击"复制口令发给好友"按钮　　　图 7-9　发送粘贴的口令

7.1.7　私信引流：发送消息来吸粉

抖音有个私信功能，运营者可以通过给用户发送私信消息来引导其关注你的抖音号。在用户的个人主页点击"私信"按钮，如图 7-10 所示；然后进入聊天界面，发送引导关注的话术即可，如图 7-11 所示。

图 7-10　点击"私信"按钮　　　图 7-11　发送引导关注的话术

当然，运营者也可以将自己的短视频作品私信给朋友（你关注的人），以此来吸引他们观看。在视频浏览页面点击""按钮，然后在弹出的弹窗中选择其中一位朋友，如图 7-12 所示；选中该朋友的头像，再点击"发送"按钮即可，如图 7-13 所示。这时在与他（她）的聊天界面便可以看到已送达的短视频，如图 7-14 所示。

图 7-12　选择一位朋友　　图 7-13　点击"发送"按钮　　图 7-14　已送达的短视频

7.1.8　扫码引流：扫描抖音码吸粉

除此之外，运营者还可以使用抖音码，让别人扫码关注你的账号，成为你的粉丝。那么抖音码在哪里呢？运营者可以进入"我"页面，点击"☰"按钮，如图 7-15 所示；在右侧弹出的列表中点击"更多功能"按钮，如图 7-16 所示。

接着弹出众多功能按钮，在"拓展功能"区域点击"我的二维码"按钮，如图 7-17 所示；进入"我的抖音码"页面，如图 7-18 所示。

抖音码适合线下吸粉，运营者可以将抖音码保存到相册，然后将其打印出来，方便他人扫描。

图 7-15　点击"目"按钮

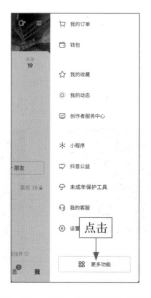

图 7-16　点击"更多功能"按钮

图 7-17　点击"我的二维码"按钮

图 7-18　"我的抖音码"页面

7.2　引流技巧：将粉丝引流到微信

当运营者的抖音号积累了大量粉丝以后，便可以将抖音账号中的粉丝流量通过各种方式导流到个人微信中，从而将其变成自己的私域流量，搭建起私域流量池，以便更好地挖掘抖音粉丝的价值。

7.2.1 账号简介：将"微信"二字简写

抖音的账号简介通常是简单明了，主要原则是描述账号＋引导添加，基本设置技巧如下：前半句描述账号特点或功能，后半句引导添加微信；账号简介可以用多行文字，但不建议直接引导加微信等。

在账号简介中展示微信号是目前最常用的导流方法，而且修改起来也非常方便快捷。但需要注意，不要在其中直接标注"微信"，可以用拼音简写、同音字或其他相关符号来代替。运营者的原创短视频的播放量越多，曝光率越大，引流的效果也就会更好，如图 7-19 所示。

图 7-19 在抖音账号简介中展示微信号

7.2.2 账号名字：直接设置成微信号

运营者可以将自己抖音账号的名字直接设置成微信号来引流，如图 7-20 所示。用户和粉丝看到抖音名字之后，就可以直接搜索到其个人微信。

图 7-20 将抖音名字设置成微信号

在账号名字里加入微信号是抖音早期常用的引流方法，但今日头条与腾讯之间的竞争非常激烈，抖音对于名称中的微信审核也非常严格，因此运营者在使用该方法时需要非常谨慎。

同时，抖音的名字需要有特点，而且最好和定位相关。抖音名字设定的基本技巧如图 7-21 所示。

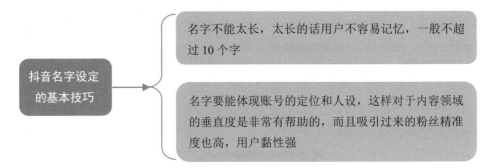

图 7-21　抖音名字设定的基本技巧

7.2.3　保持统一：微信号和抖音号同步

抖音号和微信号一样，是其他人能够快速找到你的一串独有的字符，位于名字的下方。运营者可以将自己的抖音号直接修改为微信号。但是，抖音号每 30 天才能修改一次，一旦审核通过短时间内就不能再修改了。所以，运营者在修改前一定要想好，这个微信号是否是你最常用的那个。

不过，这种方法有一个非常明显的弊端，就是运营者的微信号可能会遇到好友上限的情况，这样就没办法通过抖音号进行引流了。因此，建议运营者可以将抖音号设置为公众号，这样就可以有效避免这个问题。

图 7-22 所示为将抖音号和微信号同步的案例示范。

图 7-22　将抖音号和微信号同步

7.2.4　背景图：在图片中添加微信号

背景图片的展示面积比较大，容易被人看到，因此，把含有联系方式或引流信息的图片作为账号主页背景的引流效果也非常好。图7-23所示为在主页背景图中添加微信号的案例。

图 7-23　在背景图中添加微信号

7.2.5　账号头像：添加微信号文字

在抖音账号的头像图片中添加微信号文字，系统不容易识别，但头像的展示面积比较小，需要粉丝点击放大后才能看清楚，因此导流效果一般。另外，有微信号的头像也需要运营者提前用修图软件做好。

需要注意的是，抖音对于含有微信的个人头像管控得非常严格，所以运营者一定要谨慎使用。抖音号的头像也需要有特点，必须展现自己最美的一面，或者展现企业的良好形象。

运营者可以进入"编辑资料"页面，点击更换头像即可修改。头像选择有两种方式，分别是从相册选择和拍照。另外，在"我"页面点击头像，不仅可以查看头像的大图，还可以对头像进行编辑操作。头像设定的技巧如图7-24所示。

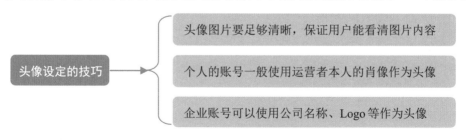

图 7-24　头像设定的技巧

第 8 章

抖音电商：
视频带货和直播带货

**学前
提示**

　　电商如今是各大互联网平台的运营重心之一，抖音平台也是。不管是视频带货还是直播带货，其最终目的都是销售产品，获取盈利，它们的本质都是一种新的电商模式。本章主要讲解抖音电商视频带货和直播带货技巧。

8.1 视频带货：六种有效的方法

抖音原本就是一个分享短视频的平台，而大多数用户之所以下载抖音 App，就是希望能从中看到有趣的短视频。正因为如此，短视频成了抖音带货的重要载体，运营者如果能够利用好短视频，就能让产品获得不错的销量。

那么，如何利用抖音短视频进行带货呢？本节笔者将重点介绍六种抖音短视频的带货技巧。

8.1.1 添加链接：方便用户购买

运营者在发布带货短视频时，可以添加产品购买链接。这样一来，短视频播放界面中便会出现"🛒"图标，而用户看到短视频之后如果对产品感兴趣，就可以直接点击"🛒"图标所在的位置购买产品。

具体来说，如果运营者在短视频中添加了产品链接，那么用户便可以通过如下操作步骤快速购买产品。

步骤 ⓪1 打开抖音 App，在视频播放页面点击"🛒"按钮，如图 8-1 所示。

步骤 ⓪2 弹出相关商品页面，点击"去淘宝看看"按钮，如图 8-2 所示。

步骤 ⓪3 弹出跳转到淘宝页面的提示框，点击"我知道了"按钮，如图 8-3 所示。

图 8-1　点击"🛒"按钮　　图 8-2　点击"去淘宝看看"按钮　　图 8-3　点击"我知道了"按钮

步骤 04 跳转到"粉丝福利购"页面，如图 8-4 所示。

步骤 05 选择所需的优惠项目，再跳转到产品的购买页面，点击"立即购买"按钮即可，如图 8-5 所示。

图 8-4　"粉丝福利购"页面

图 8-5　点击"立即购买"按钮

可以看到，当运营者在短视频中添加产品链接时，用户购买短视频中的同款产品是比较便捷的。而且，如果产品的价格比较便宜，或者产品确实好用，用户也会更愿意购买短视频中的同款产品。这样一来，就可以激发用户的购买欲望，进而达到短视频带货的目的。

8.1.2　异性相吸：增强内容针对性

男性和女性看待同一个问题的角度有时候可能会有一些差异，可能某一事物对男性来说并没有多大的吸引力，但是能引起女性群体的兴趣。而善用异性相吸的原则，可以在增强内容针对性的同时，提高内容对目标用户的吸引力。

抖音短视频中异性相吸原则的使用，通常就是采取真人出镜的方式，用短视频中的美女吸引男性用户，或者用短视频中的帅哥吸引女性用户。采用这种方式带货的短视频，通常能获得不错的流量，但是如果短视频中产品自身的吸引力不够，销量可能还是比较难以得到保障的。

其实，在笔者看来，除了上面这种方式之外，还有另一种异性相吸，那就是让用户购买异性才会用到的产品，让用户看到该产品对于异性的价值，从而让用户愿意将产品作为礼物送给异性。

这种异性相吸原则的使用，关键就在于异性在收到礼物之后的反应。如果用户觉得产品对异性朋友来说很有用，或者送出该产品能暖到异性的心，那么用户自然会愿意购买产品。

图 8-6 所示为利用异性相吸的原则带货的短视频画面，就是将产品打造成男性送给女朋友的礼物来促进产品销售的。

图 8-6　利用异性相吸的原则带货的短视频画面

8.1.3　刺激需求：展示产品的效果

一款产品要想获得较为可观的销量，必须还得刺激用户的需求，让用户在看到产品的价值之后，愿意花钱进行购买。

同样的产品，在不同的店铺中，销量却出现比较大的差异。这是为什么呢？当然，这可能与店铺的粉丝量有一定的关系，那么有的店铺粉丝量差距不大，同样的产品销量差异仍比较大，又是什么原因呢？

其实，除了店铺自身的粉丝量之外，一款产品的销量，还会在很大程度上受到店铺宣传推广的影响。如果运营者能够在抖音短视频中刺激目标用户的需求，产品的销量自然会更有保障。

那么，怎么刺激目标用户的需求呢？笔者认为关键就在于通过短视频的展示，让用户看到产品的效果，从而觉得这款产品确实是值得购买的。

8.1.4　核心群体：针对性进行营销

虽然目标用户基数越大，接收信息的人可能就会越多。但这并不代表获得的营销效果就一定会越好。

为什么这么说呢？其实这很好理解，因为购买产品的只是那些对产品有需求的用户群体，如果运营者没有针对有需求的用户群体进行营销，而是花大量时间进行广泛宣传，那么很可能就达不到预期的带货效果。

在笔者看来，与其将产品进行广泛宣传，一味地扩大产品的用户群体，倒不如对产品进行分析，找出核心用户群体，然后针对核心用户群体进行带货。这不仅能增强营销的针对性，也能让核心用户群体一眼就看到产品对自己的作用。

图 8-7 所示为点出核心用户群体类带货短视频画面，可以看到该短视频就是通过点出核心用户群体的方式，有针对性地为学生推荐产品，从而带动产品销售。

图 8-7 点出核心用户群体类带货短视频画面

8.1.5 新品预售：提前做好宣传

当产品还未正式上市的时候，许多商家和企业都会通过预售种草来提高用户对产品的关注度。在抖音的运营过程中，运营者也可以通过两种预售种草的形式来提升产品的热度。

抖音短视频主要由画面和声音两个部分组成，运营者可以针对这两个部分分别进行预售种草。画面部分，运营者可以让预售的相关文字出现在画面中，如图 8-8 所示；声音部分，运营者可以通过口播的方式向用户传达产品预售信息，增强产品对用户的吸引力，实现预售种草。

用户都是趋利的，他们为了买到更便宜的产品通常会货比三家。所以，当运营者在抖音中发布产品的预售信息时，用户如果想购买产品，很可能就会对产品的价值进行评估。此时，运营者如果在预售中给出一定的折扣，用户就会觉得产品价格已经便宜了不少，值得入手了。

图 8-9 所示为抖音中以优惠折扣进行预售种草的短视频案例。可以看到这两个短视频便是以一定折扣和优惠进行产品预售的。而当用户在看到这两个视频时，自然会认为此时购买是比较划得来的。

图 8-8 通过文字进行预售种草

图 8-9 以优惠折扣进行预售种草

8.1.6　好物推荐：拒绝硬广告营销

大多数人对硬广告是怀有抵触情绪的，毕竟没人喜欢在观看视频的时候看到硬广告，这也就是为什么我们宁可花钱充会员，也不要忍受那几十秒的广告时间。

其实，硬广告无非就是为了营销，同样是营销，如果换一种方式，可能会取得更好的效果。比如，运营者从用好物推荐的角度进行营销，让用户看到产品的用处，从而让用户因为产品的效果而进行购买。图 8-10 所示为将硬广告变成好物推荐的带货短视频。

图 8-10　将硬广告变成好物推荐

8.2　直播带货：八种实用的技巧

在进行抖音直播带货的过程中，运营者和主播需要掌握一些实用的带货技巧。本节，笔者就来重点为大家介绍八种抖音直播带货技巧，让大家快速提高抖音直播间的转化率。

8.2.1　产品卖点：从不同角度挖掘

产品卖点可以理解成产品的优势、优点或特点，也可以理解为自家产品和别人家产品的不同之处。怎样让用户选择你的产品？和别家的产品相比，你家产品的竞争力和优势在哪里？这些都是主播直播带货过程中要重点考虑的问题。

在观看直播的过程中，用户或多或少地会关注产品的某几个点，并在心理上认同该产品的价值。在这个可以达成交易的时机上，促使用户产生购买行为的，就是产品的核心卖点。找到产品的卖点，便可以让用户更好地接受产品，并且认可产品的价值和作用，从而达到提高产品销量的目的。

因此，对于主播来说，找到产品的卖点，不断地进行强化和推广，通过快捷、高效的方式，将找出的卖点传递给目标用户是非常重要的。图8-11所示为某手机产品的部分宣传卖点。

图8-11　某手机产品的部分宣传卖点

主播在直播间销售产品时，要想让自己销售的产品有不错的成交率，就需要满足目标用户的需求点，而满足目标用户的需求点是需要通过挖掘卖点来实现的。但是，如果自家产品在与其他产品的对比中体现不出优势，那产品卖点也就不能称为卖点了。要想使产品的价值更好地呈现，主播需要学会从不同的角度来挖掘产品的卖点。下面介绍一些挖掘卖点的方法。

1. 结合当今流行趋势挖掘卖点

流行趋势就代表着有一群人在追随这种趋势，主播在挖掘产品的卖点时，就可以结合当前流行趋势来找到产品的卖点，这也一直是各商家惯用的营销手法。

例如，当市面上大规模流行莫兰迪色系的时候，在服装的介绍宣传上就可以通过"莫兰迪色系"这个标签吸引用户的关注；当夏天快要来临，女性想展现自己曼妙身材的时候，销售连衣裙的商家就可以将穿上他们的连衣裙会变得更漂亮作为卖点。

2. 从产品的质量角度挖掘卖点

产品质量是用户购买产品时的一个关注重点。大部分人购买产品时，都会将产品的质量作为重要的参考要素。所以，主播在直播带货时，可以重点从产品的质量挖掘卖点。例如，主播在挖掘服装的卖点时，可以将商家标明的质量卖点作为直播的重点内容，向用户进行详细的说明。

3. 借助名人效应打造产品卖点

大众对于名人的一举一动都非常关注，他们希望可以靠近名人的生活，得到心理上的满足。这时，名人同款就成为产品的一个宣传卖点。

名人效应早已在生活中的各方面产生了一定的影响。例如，选用明星代言广告，可以刺激用户消费；明星参与公益活动项目，可以带领更多的人去了解、参与公益。名人效应就是一种品牌效应，它可以起到获取更多人关注的作用。

主播只要利用名人效应来营造、突出产品的卖点，就可以吸引用户的注意力，让他们产生购买的欲望。

8.2.2　用户口碑：提高店铺的评分

在用户消费行为日益理性化的情况下，口碑的建立和积累可以让短视频和直播带货带来更好的效果。建立口碑的目的就是为品牌树立一个良好的正面形象，并且口碑的力量会在使用和传播的过程中不断加强，从而为品牌带来更多的用户流量，这也是商家希望用户能给好评的原因。

许多抖音直播中销售的产品，大多是来自淘宝等电商平台的产品，而许多用户在购买产品时，又会查看淘宝店铺的相关评分，以此来决定要不要购买抖音直播中推荐的产品。所以，提高淘宝店铺的评分就显得尤为重要。

在淘宝平台的"店铺印象"页面中，用户可以查看店铺的相关评分，如图 8-12 所示。这三个评分的高低在一定程度上会影响用户的购买率。评分越高，用户的体验感越好，则店铺的口碑越佳。因此，主播在选择产品时，应该将产品所在淘宝店铺的评分作为一个重要的参考项。

优质的产品和售后服务都是口碑营销的关键，处理不好售后问题会让用户对产品的看法大打折扣，并且降低产品的复购率，而优质的售后服务则能让产品和店铺获得更好的口碑。

口碑体现的是品牌和店铺的整体形象，这个形象的好坏主要体现在用户对产品的体验感上，所以口碑营销的重点还是不断提高用户体验感。具体来说，用户的体验感，可以从三个方面进行改善，如图 8-13 所示。

图 8-12 淘宝店铺的评分

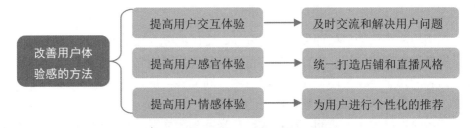

图 8-13 改善用户体验感的方法

那么，产品的良好口碑又会产生哪些影响呢？具体内容如下。

1. 挖掘潜在用户

口碑营销在用户的购买中影响重大，尤其是潜在用户，这类用户会询问已购买产品的用户的使用体验。或者查看产品下方的评论，查找用户的使用感受。所以，已使用过产品的用户的评价在很大程度上会影响潜在用户的购买欲望。

2. 提高产品复购率

对于品牌和店铺来说信誉是社会认同的体现，所以好口碑也是提高产品复购率的有效方案。

3. 增强营销说服力

口碑营销相较于传统营销更具感染力，口碑营销的产品营销者其实是使用过产品的用户，而不是品牌方，这些使用过的用户与潜在用户一样都属于用户，在刺激潜在用户的购买时具有说服力。

4. 解决营销成本

口碑的建立能够节约品牌在广告投放上的成本，为企业的长期发展节省宣传成本，并且替品牌进行推广传播。

5. 促进企业发展

口碑营销有助于减少企业的营销推广成本，帮助企业获得更多忠实的用户，从而推动企业的成长和发展。

由此不难看出，品牌和店铺的口碑对于抖音直播来说非常重要。一方面，主播在直播过程中可以借助良好的口碑吸引更多的用户下单；另一方面，在直播中卖出产品之后，主播和商家需要做好售后，提高品牌和店铺的口碑。只有这样，用户才会持续在你的直播间中购买产品。

8.2.3 策划段子：增加带货的趣味

主播在进行直播时可以策划各种幽默段子，将带货的过程变得更加有趣，让用户更愿意持续观看你的直播。

例如，有着"央视段子手"之称的某位主持人与"口红一哥"在共同为武汉带货的直播间，就运用了此方法。在这场直播中，主持人讲了许多段子，例如："我命由你们不由天，我就属于 × × 直播间。""烟笼寒水月笼沙，不止东湖与樱花，门前风景雨来佳，还有莲藕、鱼糕、玉露茶，凤爪藕带热干面，米酒香菇小龙虾，守住金莲不自夸，赶紧下单买回家，买它买它就买它，热干面和小龙虾。""奇变偶（藕）不变，快快送给心上人。""人间唢呐，一级准备，OMG，不是我一惊一乍，真的又香又辣，好吃到死掉的热干面令人不能作罢，舌头都要被融化，赶紧拢一拢你蓬松的头发，买它买它就买它，运气好到爆炸，不光买到了还有赠品礼包这么大，为了湖北我也是拼了，天呐！"等。

当主播在直播间中讲述幽默段子时，直播间的用户通常会比较活跃。很多用户都会在评论区留言，更多的用户会因为主播的段子比较有趣而留下来继续观看直播。因此，如果主播能围绕产品特点多策划一些段子，那么直播内容就会更吸引用户。而在这种情况下，直播间获得的流量和销量也将随之增加。

8.2.4 展现实力：展示带来的变化

在抖音直播的过程中，主播可以展示使用产品之后带来的改变。这个改变也是证明产品实力的良好方法，只要改变是好的，对用户而言是有实用价值的，那么用户就会对你推荐的产品感兴趣。用户在观看抖音直播时如果发现了产品的与众不同，就会产生购买的欲望，所以在直播中展示产品带来的变化是非常重要的。

例如，某销售化妆品的店铺在策划抖音直播时，为了突出自家产品的非凡实力，决定通过一次以"教你一分钟化妆"为主题的直播活动来教用户化妆。因为"一分钟化妆"听起来有些不可思议，所以该直播吸引了不少用户的目光。这场直播不仅突出了产品的优势，而且教会了用户化妆的技巧。因此，该店铺的这场直播，不仅在短时间内吸引了 6000 多人观看，而且获得了数百笔订单。

8.2.5 价格对比：突出产品性价比

俗话说："没有对比就没有伤害"，买家在购买商品时都喜欢货比三家，然后选择性价比更高的商品。但是很多时候，用户会因为不够专业而无法辨认产品的优劣。此时，主播在直播中则需要通过与竞品进行对比，以专业的角度，向用户展示差异化，以增强产品的说服力以及优势。

对比差价在直播带货中是一种高效的方法，可以带动气氛，激发用户购买的欲望。相同的质量，价格却更为优惠，那么就有可能获得高销量。常见的差价对比方式就是，某类产品的直播间价格与其他销售渠道中的价格进行对比，让用户直观地看到直播间产品价格的优势。

例如，某抖音直播间中销售的手机直播摄影三脚架为 49 元，如图 8-14 所示。此时，主播便可以在电商平台上搜索同类型的手机直播摄影三脚架产品，展示其价格，让用户看到自己所销售产品的价格优势，如图 8-15 所示。

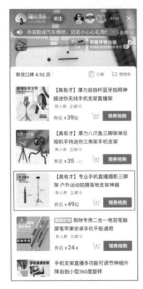

图 8-14 抖音直播间的同类产品价格

图 8-15 电商平台的同类产品价格

从图 8-15 不难看出，该抖音直播间销售的手机直播摄影三脚架在价格上有明显的优势。在这种情况下，观看直播的用户就会觉得该直播间销售的这个产品甚至其他产品都物超所值，这样一来，便能促使用户下单购买。

8.2.6 增值内容：提供额外的好处

在直播时要让用户心甘情愿地购买产品，其中比较有效的一种方法是为用户提供增值内容。这样一来，用户不仅获得了产品，还收获了与产品相关的知识或者技能，自然是一举两得，购买产品也会毫不犹豫。

那么增值的内容方面应该从哪几点入手呢？笔者将其大致分为三点，即陪伴、共享以及学到东西。

典型的增值内容就是让用户从直播中获得知识和技能。比如天猫直播、淘宝直播和聚美直播在这方面就做得很好，一些利用直播进行销售的商家纷纷推出产品的相关教程，给用户带来更多软需的产品增值内容。

例如，某销售手工产品的抖音直播间中，经常会向用户展示手工产品的制作过程，如图 8-16 所示。该直播不仅能让用户看到手工产品的制作过程，还会教用户一些制作的技巧。

图 8-16 展示手工产品的制作过程

在主播制作产品的同时，用户还可以通过弹幕向其咨询制作产品的相关问题，比如"做一个大概需要多久""做这个难吗""要用到哪些材料和工具呢"等，主播通常也会耐心地为用户进行解答。

这样用户不仅通过抖音直播得到了产品的相关信息，而且还学到了产品制作的窍门，对手工制作也有更多的了解。而用户在了解产品的制作过程之后，就会想要购买主播制作的产品，或者购买材料，自己制作手工产品。这样一来，直播间产品的销量自然也就上去了。

8.2.7 场景营销：将产品融入情景

在直播营销中，想要不动声色地推销产品，不让用户感到太反感，比较简单有效的方法就是将产品融入场景。这种场景营销类似于植入式广告，其目的在于营销，方法可以多种多样。具体来说，将产品融入场景的技巧，如图 8-17 所示。

将产品融入场景的技巧
- 场景的选择要注意展现产品的优势
- 产品的展示与场景衔接上要求自然
- 提高主播在直播中随机应变的能力

图 8-17　将产品融入场景的技巧

图 8-18 所示为某茶叶销售直播间的相关画面。在该直播间中，主播在家中拿着一个款式比较常见的茶杯，向用户展示泡好的茶。因为在日常生活中，许多人在家里都会用这样的茶杯泡茶，所以用户在看到这样的泡茶场景之后会觉得非常熟悉，就像直播中泡茶的就是自己，这便达到了让用户融入产品使用场景的目的。

图 8-18　某茶叶销售直播间的相关画面

因此，用户看到抖音直播中展示的茶叶使用场景之后，就会觉得该茶叶看上去很不错。这样一来，观看直播的用户自然会更愿意购买这种茶叶，而茶叶产品的销量自然也就上去了。

8.2.8　专业导购：需提升知识水平

产品不同，推销方式也有所不同，在对专业性较强的产品进行直播带货时，具有专业知识的内行更容易说服用户。例如，观看汽车销售类抖音直播的用户多为男性用户，并且这些用户喜欢观看驾驶实况，他们大多是为了了解汽车资讯以及买车才看直播的，所以如果挑选有专业知识的主播进行导购，会更受用户的青睐。

在汽车直播中，用户关心的主要还是汽车的性能、配置以及价格，所以更需要专业型的导购进行实时的讲解。

图 8-19 所示为某专业汽车销售的抖音直播的相关界面。该直播中的主播本身就是对汽车的各项信息都比较了解的汽车销售，所以其直播时的讲解就比较专业。也正是因为如此，许多对汽车比较感兴趣的用户看到该直播之后就快速被吸引住了。

图 8-19　某专业汽车销售的抖音直播

在进行此类产品的直播带货时，主播要努力提升产品相关的知识水平，提高产品讲解的专业度，这样才能让用户信服并购买产品。

第 9 章
变现方式：
抖音运营的收益

学前提示

　　大多数人之所以做抖音运营，其主要目的就是变现，获取收益。那么，在抖音平台，运营者的变现方式有哪些呢？本章主要从电商变现、广告变现等方面介绍抖音的变现方法。

9.1 电商变现：六种常见的方式

对于抖音运营者来说，最直观、最有效的盈利方式当数销售商品或服务变现了。借助抖音平台销售产品或服务，只要有销量，就有收入。具体来说，用产品或服务变现主要有以下六种方式。

9.1.1 自营店铺：快速有效地变现

抖音最开始的定位是一个方便用户分享美好生活的平台，而随着商品分享、商品橱窗等功能的开通，抖音开始成为一个带有电商属性的平台，并且其商业价值也一直被外界看好。

对于拥有淘宝等平台店铺和开设了抖音小店的运营者来说，通过自营店铺直接卖货无疑是一种十分便利、有效的变现方式。运营者只需在商品橱窗中添加自营店铺中的商品，或者在短视频中分享商品链接，其他用户便可以点击链接购买商品，而商品销售出去之后，运营者便可以直接获得收益了。图 9-1 所示为抖音个人主页的商品橱窗入口。

图 9-1　抖音个人主页的商品橱窗入口

9.1.2 微商卖货：转化流量来变现

微商卖货和直接借助抖音平台卖货，虽然销售的载体不同，但也有一个共同点，那就是要有可以销售的产品，最好是有自己的代表性产品。而微商卖货的重要一步就在于，将抖音用户引导至微信等社交软件。

将抖音用户引导至微信等社交软件之后，接下来，便可以通过将微店产品链接或广告图片分享至朋友圈等形式，对产品进行宣传，如图 9-2 所示。只要用户点击链接购买商品，微商便可以直接赚取收益了。

图 9-2　微信朋友圈宣传产品

9.1.3　提供服务：解决用户的"痛点"

这里的服务，指的是支付一定的费用来购买服务提供者的时间，让服务提供者来解决对应的问题。比如提供一对一咨询的服务解决粉丝在人设定位和拍摄方向上的问题。如果你是营销推广类的抖音号，你就可以推出提供营销推广的服务，给客户提供一套品牌曝光的方案。如果你是穿搭类的账号，你就可以推出穿搭个性方案，帮助客户变得更美。

图 9-3 所示为抖音号"维意全屋定制"页面，可以看到该抖音号就是通过提供家具装修设计服务的方式进行变现的。

图 9-3　抖音号"维意全屋定制"页面

9.1.4 图书出版：通过版权来变现

图书出版主要是指运营者在某一领域或行业经过一段时间的经营，拥有一定的影响力或者有一定的经验，将自己的经验进行总结后，然后进行图书出版，以此获得收益的盈利模式。

运营者采用图书出版这种方式获得盈利，只要其本身有基础与实力，那么收益还是很乐观的。例如，抖音号"手机摄影构图大全"的运营者便是采取这种方式获得盈利的。该运营者通过抖音短视频、微信公众号、今日头条等平台，积累了 30 多万粉丝，成功塑造了一个 IP（知识产权）。

因为该运营者多年从事摄影工作，"手机摄影构图大全"结合个人实践与经验，编写了一本手机摄影方面的图书。该图书出版之后短短几天，单单"手机摄影构图大全"这个抖音号售出的数量便达到了几百册。由此不难看出其受欢迎的程度。而这本书之所以受欢迎，除了内容对用户有吸引力之外，与"手机摄影构图大全"这个 IP 也是密不可分的，部分用户就是冲着"手机摄影构图大全"这个 IP 来买书的。图 9-4 所示为"手机摄影构图大全"运营者在电商平台售卖的书籍。

图 9-4 "手机摄影构图大全"运营者在电商平台售卖的书籍

另外，当你的图书作品火爆后，还可以通过售卖版权来变现，小说等类别的图书版权可以用来拍电影、拍电视剧或者网络剧等，这种收入相当可观。当然，这种方式可能比较适合那些成熟的专业团队，如果作品拥有了较大的影响力，便可进行版权盈利变现。

9.1.5 平台佣金：通过分销来变现

抖音短视频平台的电商价值快速提高，其中一个很重要的原因就是随着精选联盟的推出，运营者即便没有自己的店铺也能通过帮助他人卖货赚取佣金。也就是说，只要运营者开通了商品橱窗和商品分享功能，便可以通过引导销售获得收益。

当然，在添加商品时，运营者可以事先查看每单获得的收益。以数码类商品为例，运营者可以直接搜索耳机，查看相关产品每单可获得的收益。如果想要提高每单可获得的收益，还可以点击"佣金率"按钮，让商品按照获取佣金的比例高低进行排列，如图9-5所示。

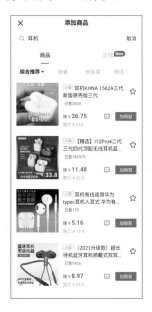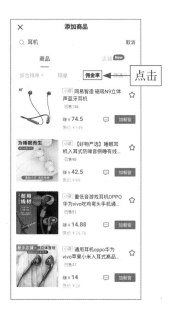

图9-5 添加商品时查看每单的收益

添加商品完成之后，其他用户点击商品橱窗或短视频的商品链接购买商品，抖音运营者便可以获得收益了。

9.1.6 知识付费：售卖课程来变现

对于部分运营者来说，可能自身是无法为消费者提供实体类的商品的。那么，是不是对于他们来说就不能进行变现了呢？

很显然，并不是，只要运营者拥有足够的干货内容，同样是能够通过抖音短视频平台获取收益的。比如，可以在抖音短视频平台中通过开设课程招收学员的方式，借助课程费用赚取收益。

图9-6所示为"沪江网校"抖音账号的商品橱窗界面，可以看到其中有大量课程，而用户只需点击进入，便可以购买相应的课程。很显然，这便是直接通过售卖课程的方式来实现变现的。

图9-6　"沪江网校"抖音账号的商品橱窗界面

9.2　广告变现：通过推广来变现

　　移动互联网时代的发展，给人们带来了巨大的流量红利，数以亿计的人成为移动互联网用户，在此基础上短视频市场呈现爆发式增长。如今，短视频的商业变现模式已经基本成熟，其中广告变现一马当先，成为主流变现方式，适用于90%以上的团队。

　　所以，对于抖音运营者来说，越早制定你的广告变现逻辑和产品线，就越有机会获得广大品牌主的青睐。

9.2.1　熟悉了解：三种重要的角色

　　运营者要想通过短视频广告来赚钱，就必须清楚它的基本组成角色和流程。短视频广告合作中所涉及的角色主要包括广告主、广告代理公司和短视频团队。

1. 广告主

　　广告主也就是品牌、企业或者商家等有推广需求的人或组织，是广告活动的发布者，或者是销售或宣传自己产品和服务的商家，同时也可能是联盟营销广告的提供者，通俗点说，广告主就是出钱做广告的人。

　　近年来，在视频移动化、资讯视频化及视频社交化的趋势下，加速了移动短视频的全面"井喷"爆发，同时也让流量从电脑端大量流入移动端。短视频广告不仅投入成本比传统广告更低，而且覆盖的人群也更加精准，同时植入产品的实用性更强，可以有效触达品牌受众。因此，为品牌进行定制化的短视频广告，成了广告主采购时的标配。

2. 广告代理公司

广告代理公司扮演了一个非常专业的角色，能够为广告主提供定制化的全流程广告代理服务，同时拥有更多的广告渠道资源和达人资源，能够制作精美的、贴合品牌特性的短视频广告。

当然，在短视频广告的变现流程中，广告代理公司的角色是可有可无的，因为广告主可以直接和达人对接，能够节省大量的广告费用，同时达人也能够获得更多收益。但是，很多大型企业和大品牌仍然会选择广告代理公司来合作，不仅是因为他们的渠道和资源优势，而且他们的渠道管理能力和视觉包装能力也是小团队不能比的。广告代理公司通常会实行集中化和标准化运作，在整体规划下进行专业化分工，使复杂的短视频广告业务简单化，以增加经营效益。

3. 短视频团队

短视频团队是短视频广告变现最终的"落地者"，他们肩负了策划拍摄、内容制作、后期剪辑等一系列短视频创作工作，对短视频广告的曝光和转化产生直接的影响作用。

对于短视频团队这个角色来说，他们不只是为广告主拍摄广告视频，而且要本着为粉丝提供优质内容的心态，这样才能吸引粉丝的关注和参与，内容才是短视频的重点，而这些被内容吸引过来的粉丝，就是短视频团队的财富。短视频团队只有转变传统的广告思维，注重内容和用户体验，才能让粉丝的"痛点"和广告主的宣传需求完美结合起来，打造出高转化的短视频广告作品。

除了"一条""二更"和"三感"外，还有六点半团队（代表作《陈翔六点半》）、罐头场（代表作《日食记》）、即刻视频（代表作《使馆主厨》）、罐头视频（代表作《罐头小厨》）、蜂群影视（代表作《一杯》《我的前任是极品》）等短视频团队共同"鲸吞"了行业 90% 的收入。

例如，蜂群影视团队如今已发展到 500 多人，围绕泛生活领域打造强大的短视频矩阵，如"一杯""麦馆""汤店"等美食类账号，"那些不敢说的秘密""小学生看世界"等泛娱乐类账号，以及金融理财类和英语教育类等都有所涉及。

9.2.2 需要掌握：广告变现的流程

在短视频领域中，对于那些拥有众多粉丝的账号和达人来说，接广告是最简单直接的变现方式，他们只需在自己的平台或短视频内容中植入广告主的广告，即可获得一笔不菲的收入。

1. 变现方式

广告变现是短视频盈利的常用方法，也是比较高效的一种变现模式，而且短视频平台的广告形式可以分为很多种，比如冠名广告、浮窗 Logo、植入广告、贴片广告以及品牌广告等。创意植入广告可以说是短视频创作者直接可见的变现手段，一是收入快，二是有新意。

当然值得注意的是，各大短视频平台运营水平参差不齐，极大地影响了变现的效果。那么，究竟怎样的运营方式才能实现广告变现呢？笔者认为，一是要有一定的人气基础；二是植入广告的内容要求优质，如此才能实现广告变现的理想效果。常见的短视频平台广告变现方式，如图 9-7 所示。

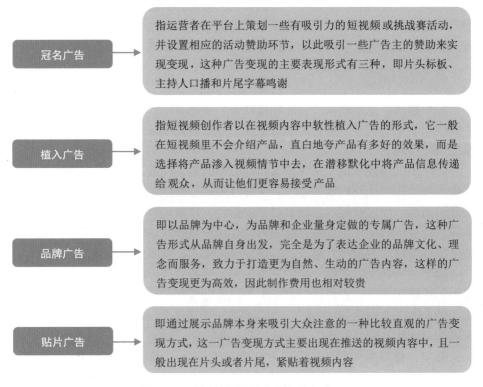

图 9-7 常见的短视频广告变现方式

2. 基本流程

短视频广告合作的基本流程，如图 9-8 所示。

专家提醒

例如，"一条"推送的以短视频为主的内容一般都是把内容与品牌信息结合在一起，是软性的广告植入，不会太生硬，而且能够有效地传递品牌理念，增强用户的信任感和依赖感，这也是利用短视频广告变现的一种有效方式。

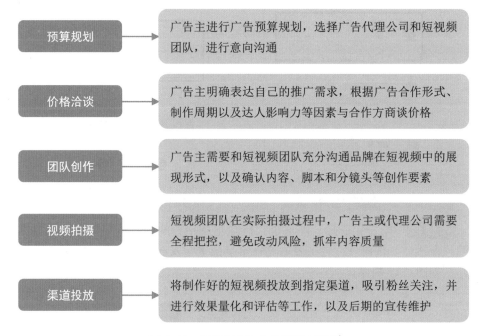

图 9-8　短视频广告合作的基本流程

9.2.3 发布接受：具体的操作步骤

在抖音广告合作的过程中，有两个关键点，一是广告主发布广告任务；二是运营者或短视频团队接受任务。那么，如何发布和接受广告任务呢？下面笔者就以巨量星图平台为例，进行具体说明。

1. 发布广告任务

在巨量星图平台中，广告主可以用该平台客户的身份发布广告任务，具体操作步骤如下。

步骤 ①1 进入巨量星图平台的官网，选择"选择您的身份"板块中的"客户"

选项，如图9-9所示。

步骤 ⑫ 进入账号登录界面，在该界面中，广告主可以选择通过邮箱、手机或抖音号登录平台。以手机登录为例，广告主只需输入手机号和验证码；单击"登录"按钮即可，如图9-10所示。

图9-9 选择"客户"选项　　图9-10 单击"登录"按钮

步骤 ⑬ 操作完成后，即可进入巨量星图平台的"首页"界面。单击界面中的"去认证"按钮（广告主要通过巨量星图平台发布广告任务，需要先进行认证），如图9-11所示。

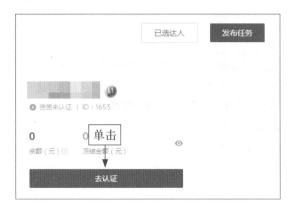

图9-11 单击"去认证"按钮

步骤 ⑭ 进入认证界面，广告主需要依次单击界面中的"资质提交"和"对公验证"，进行相关信息的认证。认证完成后，单击界面上方的"发布任务"按钮，如图9-12所示。

图 9-12　单击"发布任务"按钮

步骤 05　进入广告任务设置界面，广告主需要在该界面中设置广告任务的营销目标、传播媒体、内容形式和发单模式。广告任务信息设置完成后，单击"下一步：去完善需求"按钮，如图 9-13 所示。

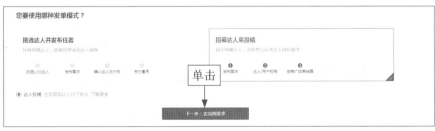

图 9-13　单击"下一步：去完善需求"按钮

步骤 06 进入"抖音短视频任务"界面，在该界面中设置结算方式、基本信息、任务要求、投稿范围、优惠券和明细等信息。信息设置完成后，单击"发布任务"按钮，即可完成广告任务的发布，如图9-14所示。

图9-14　单击"发布任务"按钮

以上是通过在巨量星图平台发布广告任务的具体方法。当然，除了发布广告任务之外，广告主还可以直接在巨量星图平台中查找达人，并与符合条件的达人达成合作。具体来说，广告主可以通过如下步骤与达人达成广告合作。

步骤 01 进入巨量星图的"首页"界面，单击界面上方菜单栏中的"达人广场"按钮；操作完成后，会弹出一个提示框；选择提示框中的"内容传播达人"选项，如图9-15所示。

图9-15　选择"内容传播达人"选项

步骤 02 进入"内容传播达人"界面，广告主可以在该界面中选择达人的类型、适合行业、报价和粉丝数，搜索符合条件的达人。广告主如果看到符合条件的达人，可以单击达人账号信息后方的"添加"按钮，如图9-16所示。

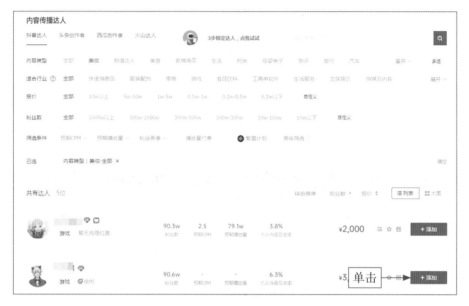

图 9-16 单击"添加"按钮

步骤 03 操作完成后，即可将达人添加为好友。添加好友之后，广告主可以与达人协商合作的事宜，并签署合作协议，确定合作关系。

2. 接受广告任务

在巨量星图平台中，运营者可以用达人或创作者的身份接受广告任务，具体操作步骤如下。

步骤 01 进入巨量星图平台的官网，选择"选择您的身份"板块中的"达人/创作者"选项，如图9-17所示。

步骤 02 进入账号登录的页面，选择界面中的"我是抖音达人"选项，如图9-18所示。

步骤 03 进入"抖音"界面，该界面中会展示一个二维码，如图9-19所示。

步骤 04 进入抖音App的搜索界面，单击"┇"按钮，如图9-20所示。

步骤 05 将镜头对准图9-19中的二维码，进行扫码。扫码完成后，即可进入"抖音授权"界面。单击界面中的"授权并登录"按钮，如图9-21所示。

图 9-17 选择"达人/创作者"选项　　**图 9-18 选择"我是抖音达人"选项**

图 9-19 短视频广告合作的基本流程

图 9-20 单击"⬛"按钮

图 9-21 单击"授权并登录"按钮

步骤 06 登录巨量星图平台，单击"我的星图"界面中的"抖音服务管理"按钮；单击"抖音传播任务"中的"申请开通"按钮，如图 9-22 所示。

图 9-22 单击"申请开通"按钮

步骤 07 根据系统提示开通"抖音传播任务"功能，需要特别说明的是，只有粉丝量大于 10 万，且内容健康合法的抖音号才能开通该功能。"抖音传播任务"功能开通后，运营者便可单击"任务大厅"按钮，进入"任务大厅"界面，接受符合条件的广告任务了。

第 10 章

火山号：
抖音火山版的运营

学前提示

　　虽然抖音火山版的用户流量没有抖音 App 那么多，但也是一个比较重要的平台。本章将讲解抖音火山版的相关知识，包括抖音火山版的基本情况、火山号的运营技巧以及变现方式。

10.1　初步了解：抖音火山版概况

很多人都知道抖音 App，但很少有人知道它还有两个特别的版本，一个是抖音极速版，另一个是抖音火山版。这里笔者要给大家讲解的是抖音火山版的相关内容。本节笔者就从抖音火山版的发展由来、应用特点、平台规则，以及它和抖音的区别等方面带大家认识和了解抖音火山版。

10.1.1　发展由来：抖音火山版的起源

抖音火山版的前身是火山小视频，于 2020 年 1 月更名为抖音火山版，它是一款能发布 15 秒和 60 秒短视频的社区软件，用户可以通过发布短视频来展现自我、分享生活，以及获得粉丝和流量。图 10-1 所示为抖音火山版的官方介绍。

图 10-1　抖音火山版的官方介绍

10.1.2　应用特点：五大方面的特色

抖音火山版 App 的应用特点主要有以下五个方面。
（1）能够快速地创作出短视频内容。
（2）拥有许多强大的视频特效功能。
（3）能实现高颜值的视频直播效果。
（4）提供超清晰的视频和直播画质。
（5）通过算法来定制个性化的内容。

10.1.3　平台规则：抖音火山版公约

运营者要想在抖音火山版 App 上进行内容创作和账号运营，首先应了解和熟悉其平台规则。图 10-2 所示为《抖音火山版公约》的部分内容。

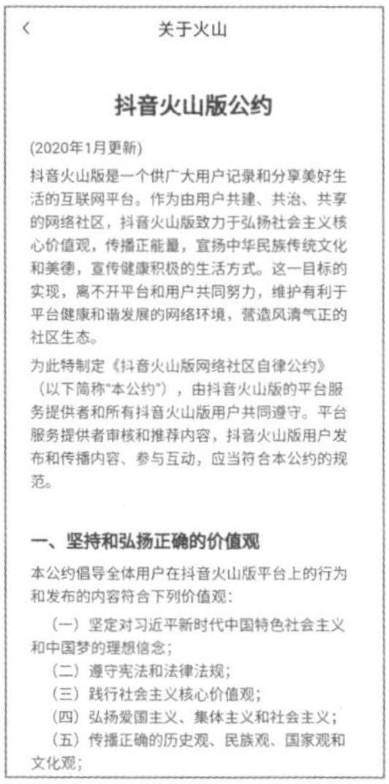
关于火山

抖音火山版公约

(2020年1月更新)

抖音火山版是一个供广大用户记录和分享美好生活的互联网平台。作为由用户共建、共治、共享的网络社区，抖音火山版致力于弘扬社会主义核心价值观，传播正能量，宣扬中华民族传统文化和美德，宣传健康积极的生活方式。这一目标的实现，离不开平台和用户共同努力，维护有利于平台健康和谐发展的网络环境，营造风清气正的社区生态。

为此特制定《抖音火山版网络社区自律公约》（以下简称"本公约"），由抖音火山版的平台服务提供者和所有抖音火山版用户共同遵守。平台服务提供者审核和推荐内容，抖音火山版用户发布和传播内容、参与互动，应当符合本公约的规范。

一、坚持和弘扬正确的价值观

本公约倡导全体用户在抖音火山版平台上的行为和发布的内容符合下列价值观：

（一）坚定对习近平新时代中国特色社会主义和中国梦的理想信念；

（二）遵守宪法和法律法规；

（三）践行社会主义核心价值观；

（四）弘扬爱国主义、集体主义和社会主义；

（五）传播正确的历史观、民族观、国家观和文化观；

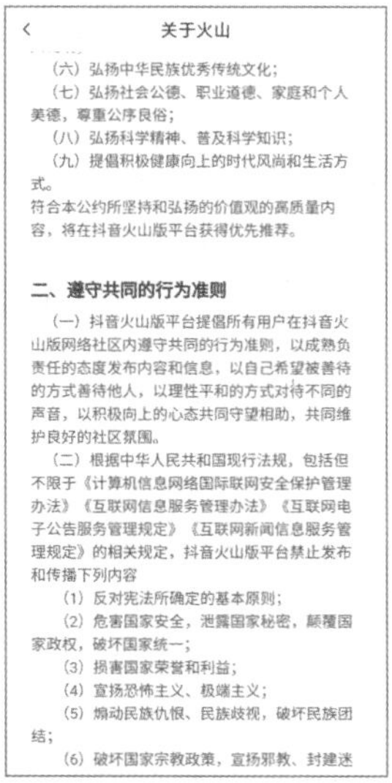
关于火山

（六）弘扬中华民族优秀传统文化；

（七）弘扬社会公德、职业道德、家庭和个人美德，尊重公序良俗；

（八）弘扬科学精神、普及科学知识；

（九）提倡积极健康向上的时代风尚和生活方式。

符合本公约所坚持和弘扬的价值观的高质量内容，将在抖音火山版平台获得优先推荐。

二、遵守共同的行为准则

（一）抖音火山版平台提倡所有用户在抖音火山版网络社区内遵守共同的行为准则，以成熟负责任的态度发布内容和信息，以自己希望被善待的方式善待他人，以理性平和的方式对待不同的声音，以积极向上的心态共同守望相助，共同维护良好的社区氛围。

（二）根据中华人民共和国现行法规，包括但不限于《计算机信息网络国际联网安全保护管理办法》《互联网信息服务管理办法》《互联网电子公告服务管理规定》《互联网新闻信息服务管理规定》的相关规定，抖音火山版平台禁止发布和传播下列内容

（1）反对宪法所确定的基本原则；

（2）危害国家安全，泄露国家秘密，颠覆国家政权，破坏国家统一；

（3）损害国家荣誉和利益；

（4）宣扬恐怖主义、极端主义；

（5）煽动民族仇恨、民族歧视，破坏民族团结；

（6）破坏国家宗教政策，宣扬邪教、封建迷

图 10-2 《抖音火山版公约》的部分内容

10.1.4 区别差异：两者之间的不同

虽然抖音火山版是原火山小视频和抖音品牌整合升级后的产物，现在隶属于抖音旗下，但是两者之间还是有一定区别的，主要表现在以下三个方面，如图 10-3 所示。

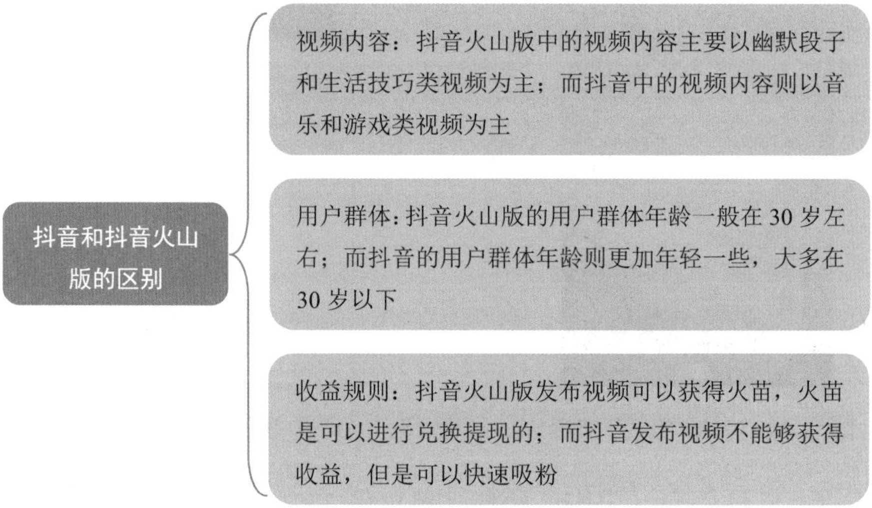

图 10-3 抖音和抖音火山版的区别

除了以上这三个方面的区别之外，抖音火山版在功能设置上和抖音也有所差

异。抖音火山版有很多抖音没有的功能，如圈子、好物等。

10.2　进阶攻略：火山号运营技巧

了解了抖音火山版的基本概况之后，接下来讲解抖音火山版的相关运营技巧，包括火山号的注册和认证、视频拍摄和视频直播等。

10.2.1　登录账号：拥有一个火山号

要想进行抖音火山版的运营，就需要拥有一个火山号，就如同进行抖音运营需要注册一个抖音号一样。那么，火山号如何注册呢？其实非常简单，只需要下载抖音火山版 App，然后进入抖音火山版的首页，点击左上角的"登录"按钮或点击右下角的"我"按钮，如图 10-4 所示。

接着，进入账号登录的页面，这里有多种登录方式可供选择，如手机号、头条、微博、微信、QQ 和抖音等。笔者以手机号登录为例，第一次登录需要输入手机号码，再输入验证码登录，而已经登录过的手机号码，只需要点击"同意协议并一键登录"按钮即可，如图 10-5 所示。

图 10-4　点击"登录"按钮

图 10-5　点击"同意协议并一键登录"按钮

10.2.2　认证信息：火山认证和实名认证

登录账号之后，运营者可以进行相关的认证操作，比如火山认证和实名认证。

那么，其入口在哪呢？在"首页"点击"⊟"按钮，如图 10-6 所示；在右侧弹出的列表中点击"设置"按钮，如图 10-7 所示。

图 10-6　点击"⊟"按钮　　　　　图 10-7　点击"设置"按钮

进入"设置"页面，点击"认证信息"按钮，如图 10-8 所示；这时在"认证信息"页面就可以看到火山认证和实名认证的入口了，如图 10-9 所示。

图 10-8　点击"认证信息"按钮　　　图 10-9　"认证信息"页面

下面分别介绍火山认证和实名认证的操作步骤。

1. 火山认证

进入"火山认证"页面，可以看到火山认证分为达人认证、职业认证和企业认证。点击"达人认证"栏右侧的"立即认证"按钮，如图10-10所示；进入"达人认证"页面可以看到其认证申请条件和达人认证特权，如图10-11和图10-12所示。

图10-10 点击"立即认证"按钮 图10-11 认证申请条件 图10-12 达人认证特权

职业认证目前无法进行操作，如果点击对应按钮的话，则会弹出相应的提示信息，如图10-13所示。图10-14所示为"企业认证"页面。

2. 实名认证

进入"实名认证"页面，输入真实姓名和身份证号码，选中"同意火山主播协议"复选框；点击"开始认证"按钮，如图10-15所示。这时会弹出相应提示框，点击"打开"按钮，如图10-16所示。

进入支付宝身份验证的页面，点击"同意并认证"按钮，如图10-17所示。如果输入的身份证信息和支付宝上的身份信息一致，则验证成功；如果不一致，则身份验证失败，如图10-18所示。这时可以回到图10-15所示的"实名认证"页面，点击"点击此处"文字链接，进行人工认证，如图10-19所示。

图 10-13 弹出相应的提示信息

图 10-14 "企业认证"页面

图 10-15 点击"开始认证"按钮

图 10-16 点击"打开"按钮

图 10-17　点击"同意并　　图 10-18　身份验证失败　　图 10-19　进行人工认证
　　　　　认证"按钮

10.2.3　编辑资料：修改账号的信息

编辑账号资料的操作可以在个人主页进行。在首页右侧弹出的列表中，点击"进入我的主页"按钮，如图 10-20 所示；进入个人主页，点击"编辑资料"按钮，如图 10-21 所示；进入"编辑资料"页面，即可修改相关信息，如昵称、性别和生日等，如图 10-22 所示。

图 10-20　点击"进入我的　图 10-21　点击"编辑资料"　图 10-22　"编辑资料"
　　　　　主页"按钮　　　　　　　　　按钮　　　　　　　　　页面

10.2.4　视频拍摄：随时随地可进行

用抖音火山版拍摄视频非常方便，只需要在"首页"点击"□"按钮，如图 10-23 所示。进入"拍摄"页面，可选择拍摄 60 秒或 15 秒的短视频，也可以上传已有的视频，如图 10-24 所示。

运营者可通过添加道具和背景音乐等功能来对短视频进行后期处理，除此之外，点击"视频模板"按钮，进入"视频模板"页面。在这里，运营者可以使用官方提供的一些热门视频模板，如图 10-25 所示。

下面笔者就简单地介绍一下"拍摄"页面的各个功能，具体内容如下。

（1）道具：给视频添加各种魔法特效。

（2）音乐：给视频添加各种背景音乐（Ballistic Guided Missile，BGM）。

（3）相册：上传手机中的视频和照片。

（4）翻转相机：切换手机的前、后摄像头。

（5）美化：可以进行美颜和滤镜设置。

图 10-23　点击"□"按钮　　**图 10-24　"拍摄"页面**　　**图 10-25　"视频模板"页面**

（6）倒计时：可以设置拍摄前 5 秒倒计时。

（7）定点停：可以选择在任意时间点暂停拍摄。

（8）变速：设置视频拍摄速度。

10.2.5　视频直播：和粉丝亲密互动

运营者可以通过视频直播和粉丝亲密互动，增强粉丝的黏性。在"拍摄"按钮的右侧点击"直播"按钮，进入"直播"页面，然后点击"开始视频直播"按钮，即可开始直播，如图 10-26 所示。没有进行认证的账号在点击按钮后会弹出实名认证的提示框，如图 10-27 所示。

图 10-26　点击"开始视频直播"按钮　　图 10-27　弹出实名认证的提示框

10.2.6　录制歌曲：享受 K 歌的乐趣

除了拍摄视频和进行直播以外，在抖音火山版 App 上，运营者还可以进行 K 歌。点击"直播"按钮右侧的"K 歌"按钮，进入"K 歌"页面，如图 10-28 所示；搜索并选择一首自己喜欢的歌曲，点击右侧对应的"K 歌"按钮，如图 10-29 所示；进入歌曲或 MV 录制的页面，如图 10-30 所示。

图 10-28　"K 歌"页面　图 10-29　点击"K 歌"按钮　图 10-30　歌曲或 MV 录制

10.2.7 引流技巧：增加流量和粉丝

关于火山号运营的吸粉引流技巧，笔者主要从以下两个方面来讲解。

1. 分享口令

如果运营者想直接给账号进行引流，可以选择将账号分享到 QQ 和微信，下面笔者以分享微信好友为例，给大家讲解具体的操作步骤。

步骤 01 进入个人主页（前文已讲，这里不再赘述），点击"⬛"按钮，在底部弹出的弹窗中点击"微信好友"按钮，如图 10-31 所示；弹出"分享口令"的提示框，点击"去粘贴"按钮，如图 10-32 所示。

图 10-31　点击"微信好友"按钮　　图 10-32　点击"去粘贴"按钮

步骤 02 跳转到"微信"页面，如图 10-33 所示；将复制的信息发送给要分享的微信好友即可，如图 10-34 所示。

2. 圈子功能

抖音火山版的圈子功能实际上是一个兴趣社区，人们可以按照自己的兴趣喜好加入不同类型的圈子，并互相交流互动，因此，运营者可以借助该功能来吸粉引流。那么，圈子功能的入口在哪呢？

运营者可以在首页右侧弹出的列表中，点击"圈子"按钮，如图 10-35 所示；进入"圈子"页面，可以看到各种类型的圈子，如图 10-36 所示。

图 10-33　"微信"页面

图 10-34　发送口令信息

图 10-35　点击"圈子"按钮

图 10-36　"圈子"页面

　　运营者可以加入与自己账号领域或内容相关的圈子，然后通过发图文或视频来吸粉引流。例如，在已加入的圈子中点击"发图文"按钮，如图 10-37 所示；进入"发布"页面，编辑好内容之后，点击"发布"按钮即可，如图 10-38 所示。

　　另外，运营者还可以自己创建圈子，在"圈子"页面的右上角点击"创建圈子"按钮，进入"创建圈子"页面，再点击"开始创建"按钮，如图 10-39 所示。如果运营者的火山号达到了创建要求，填写圈子信息，按照要求操作即可；如果没有达到，则会弹出"未满足创建条件"提示框，如图 10-40 所示。

图 10-37 点击"发图文"按钮

图 10-38 点击"发布"按钮

图 10-39 点击"开始创建"按钮

图 10-40 "未满足创建条件"提示框

10.2.8 广告合作：抖音短视频推广

从企业方面来讲，企业可以利用平台资源，为自己的产品和品牌进行广告投放和推广。抖音短视频广告的实质就是以短视频为内容载体进行品牌宣传和产品销售，这种营销模式属于付费推广。

那么，企业该如何联系平台进行广告投放的合作呢？可以在"设置"页面点击"广告合作"按钮，如图 10-41 所示；进入相应的页面即可，如图 10-42 所示。

图 10-41　点击"广告合作"按钮　　图 10-42　抖音广告投放

10.2.9　企业号：营销转化更加便捷

前文讲解了广告合作方面的内容，那么企业该如何将个人账号变为企业号呢？企业运营者可以在"设置"页面点击"成为企业号"按钮（见图 10-41），进入"开通企业号"页面，点击"○"按钮，如图 10-43 所示；弹出"确认企业号使用协议并开通"的提示框，点击"同意并开通"按钮，如图 10-44 所示。

图 10-43　点击"○"按钮　　图 10-44　点击"同意并开通"按钮

这时就可以看到开关变成了开启状态，点击"去上传"按钮，如图 10-45 所示；进入"资质验证"页面，如图 10-46 所示，上传营业执照后点击"确认提交"按钮即可。

图 10-45　点击"去上传"按钮　　　图 10-46　　"资质验证"页面

10.2.10　商家入口：商品上传和分享

电商带货是火山号运营中一个非常重要的组成部分，在抖音火山版 App 上，有一个"商家入口"页面，运营者可以在这里了解商品上传和分享的方法。

运营者在抖音火山版 App 上传商品的方式有两种，一种是商家入口，另一种是淘宝商家，如图 10-47 所示。

图 10-47　抖音火山版 App 上传商品的方式

所谓商家入口就是通过入驻小店来上传商品，下面是小店的相关介绍，包括小店概况、小店优势和小店入驻等，如图 10-48 所示。

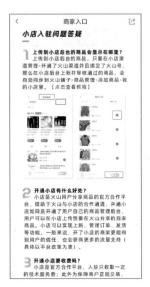

图 10-48　小店的相关介绍

那么，运营者该如何入驻小店呢？其实抖音火山版 App 中有非常详细的图文教程和视频教程。在图文教程中又分为个体工商户入驻指南和企业入驻指南，如图 10-49 所示。

图 10-49　个体工商户和企业入驻指南

分享商品的方式有三种，即火山铺子、视频购物袋和直播购物袋，如图 10-50 所示。

图 10-50　分享商品的方式

火山铺子是平台为运营者提供的管理商品的虚拟店铺，图 10-51 所示，为火山铺子的官方介绍；图 10-52 所示为在火山铺子添加小店商品的方法；图 10-53 所示为在火山铺子添加淘宝店商品的方法。

图 10-51　火山铺子官方介绍

图 10-52　在火山铺子添加小店商品的方法

图 10-53　在火山铺子添加淘宝店商品的方法

另外，运营者在抖音火山版 App 上销售商品，还有机会获得平台给出的商家福利。在"商家福利申请"页面点击"立即申请"按钮，如图 10-54 所示；然后进入"火山商家福利申请"页面，如图 10-55 所示，即可申请相关的商家权益。

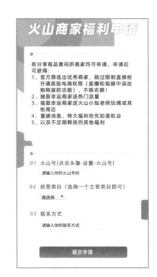

图 10-54 点击"立即申请"按钮   图 10-55 "火山商家福利申请"页面

运营者在带货的过程中，需要注意一些常见的问题，平台针对这些问题逐一进行了解答，从而帮助运营者更好地进行店铺经营，如图 10-56 所示。

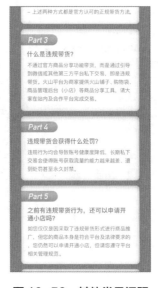

图 10-56 其他常见问题

10.2.11 用户自助：平台反馈与帮助

在火山号的运营过程中，难免会遇到各种问题，这时运营者可以通过抖音火山版 App 的"反馈与帮助"功能来寻找解决办法。在"设置"页面点击"反馈与帮助"按钮（见图 10-41），进入"反馈与帮助"页面，如图 10-57 所示。在这里，运营者可以进行账号锁定（账户安全中心）和找回账号的操作，还可以根据问题类型查找对应的解决办法。

图 10-57　"反馈与帮助"页面

10.3　变现方式：火山号收益来源

大多数运营者运营火山号，都想获得一定的收入，这是运营的动力和最终目标。本节笔者就来为大家讲解抖音火山版 App 有哪些变现方式。

10.3.1　邀请朋友：可领取红包变现

抖音火山版 App、抖音极速版 App 和抖音 App 虽然都是属于抖音平台的产品，但是它们是存在内部竞争的，各自都在通过各种方式来增加用户流量，就像微信和 QQ 一样。因此，抖音火山版 App 为了吸引更多的用户使用软件，推出了邀请亲友玩火山领红包的活动，运营者可以利用该平台活动来赚取收益，实现变现。

下面笔者就来讲解具体的操作步骤。

步骤 01 进入个人主页，点击"　"按钮，如图 10-58 所示；进入"发现好友"页面，点击"邀请朋友"按钮，如图 10-59 所示。

步骤 02 执行上述步骤后，进入该活动页面，点击"一键邀请领红包"按钮，如图 10-60 所示；弹出粘贴邀请码的提示框，如图 10-61 所示。

图 10-58　点击"🏆"按钮　　　　图 10-59　点击"邀请朋友"按钮

图 10-60　点击"一键邀请领红包"按钮　　图 10-61　粘贴邀请码提示框

　　运营者可以把邀请码信息发送给微信或者 QQ 好友，只要好友通过你分享的邀请码注册登录 App，你就可以获得红包收入。图 10-62 所示，为获取红包的规则。

> 1. 成功邀请一名符合条件的新用户注册登录app，好友激活当天你可以获得4元红包
>
> 2. 被邀请新用户14天内第2、第3天登录，你分别可以获得3元红包
>
> 3. 被邀请新用户14天内累计登录5天邀请人可获得一次抽红包机会，最高10元
>
> 4. 被邀请新用户14天内累计登录7天邀请人可获得一次抽红包机会，最高16元
>
> 5. 成功邀请一名符合条件的老用户可以获得一次性红包奖励，同一用户每天最多可以成功邀请一次

图 10-62　获取红包的规则

10.3.2　火苗管理：做平台任务变现

前文笔者在介绍抖音 App 和抖音极速版 App 的区别中提到了"火苗"这一概念，火苗是专属抖音火山版 App 的一种虚拟货币，可以兑换并提取现金。因此，运营者可以通过赚取火苗来变现，而要想获取更多的火苗，则可以通过做"火苗管理"页面中的各种平台任务来实现。

那么，火苗管理的页面在哪呢？运营者可以在首页弹出的列表中点击"火苗管理"按钮，如图 10-63 所示；然后进入"火苗管理"页面，如图 10-64 所示。

图 10-63　点击"火苗管理"按钮

图 10-64　"火苗管理"页面

在"火苗管理"页面中，有新人 1 元福利、限时任务赚火苗（观看视频获取火苗）、每日抽大奖、明日签到等任务。点击"每日抽大奖"栏右侧的"去抽奖"

按钮，即可进入活动抽奖的页面，如图 10-65 所示；点击"明日签到"栏右侧的"去查看"按钮，就会弹出签到的页面，如图 10-66 所示。

图 10-65　活动抽奖

图 10-66　明日签到

10.3.3　视频创作：用户打赏来变现

除了前文笔者所讲解的通过平台任务来获取火苗的办法之外，运营者创作视频本身就可以获得火苗，因为用户会对自己喜欢的优质视频进行打赏。在短视频播放的页面点击"🌀"按钮，即可对视频进行打赏，如图 10-67 所示。

图 10-67　点击"🌀"按钮

10.3.4　直播打赏：赠送礼物给主播

运营者不仅可以通过创作短视频来让用户打赏，也可以通过直播来让用户以赠送礼物的方式进行打赏。在观看直播的页面，点击"🎁"按钮，如图 10-68 所示；在底部弹出"礼物"页面，用户可以选择合适的礼物赠送给主播，如图 10-69 所示。

图 10-68　点击相应按钮

图 10-69　"礼物"页面

10.3.5　小游戏：在休闲娱乐中变现

在抖音火山版 App 中，玩游戏也是可以变现的，运营者可以通过玩火山小游戏来赚取火苗变现。图 10-70 所示为"火山小游戏"页面。

图 10-70　"火山小游戏"页面

10.3.6 直播带货：分享商品来变现

运营者可以通过在直播中分享和推荐商品来变现，这也是目前非常火热的变现方式。抖音火山版对直播带货的运营非常重视，为此还专门提供一个页面展示位来帮助主播吸粉引流，这就是"好物"页面，如图 10-71 所示。

图 10-71 "好物"页面

第 11 章

入门须知：
西瓜视频的概况

学前提示

　　西瓜视频是一个非常火热的视频创作平台，其依托今日头条，用户流量巨大，并且创造性地提出了"中视频"的概念，引领视频行业发展的时代潮流，运营者要想进行西瓜视频的运营，就先要了解西瓜视频这个平台的概况。

11.1 平台介绍：先了解西瓜视频

西瓜视频是字节跳动旗下的视频平台，同时也拥有独立的 App 软件，如图 11-1 所示。它是基于人工智能算法为用户提供个性化的视频内容，并帮助内容创作者更好地分享自己的视频作品。

图 11-1 西瓜视频 App

2020 年 10 月，在西瓜 PLAY 好奇心大会上，西瓜视频某高管提出了"中视频"的概念，从而在某种程度上把中视频和西瓜视频结合在一起。那么，什么是中视频呢？中视频的定义是时长为 1 分钟以上、30 分钟以下的视频，也就是说，1 分钟以下为短视频，30 分钟以上为长视频。图 11-2 所示为短视频、中视频和长视频三者之间的区别。

类 别	短视频	中视频	长视频
时 长	1分钟以内	1-30分钟	30分钟以上
生产模式	UGC	PUGC	OGC
展现形式	竖屏	横屏	横屏
国内产品代表	抖音、快手	西瓜视频、哔哩哔哩	优酷、爱奇艺、腾讯视频
海外产品代表	TikTok	YouTube	Netflix、Disney+
主要视频类型	创意类	生活、知识类	影视、综艺
平台盈利模式	信息流广告、直播电商	广告、直播等	会员付费、贴片广告

图 11-2 短视频、中视频和长视频三者之间的区别

和短视频相比，绝大部分中视频都是横版视频，其内容来源大多为专业生产内容（Professional Generated Content，PGC）模式。目前，"中视频"这个概念对于大多数人来讲还很陌生，由于很多企业喜欢创造一些新的概念，以此来表示自家产品的不同之处，因此大多数人觉得"中视频"是一个伪概念。

短视频可以很短，短则 15 秒；长视频可以很长，长达 1 小时以上。而夹在它们中间的中视频，其用户需求量非常大，这是因为短视频的时长太短，承载不了那么多内容，用户往往意犹未尽；长视频时长又太长，但用户的时间和精力是有限的，而且很碎片化。由此看来，中视频的发展潜力非常大。

事实证明，"中视频"这个名词并不是凭空捏造的，它是对视频行业发展历程的总结，而且它所定义的视频时间长度有着非常广阔的市场前景。

以老牌的视频平台优酷为例，其实早在网络视频刚刚兴起的时候，各大视频网站就已经按照视频的时长来对视频进行分类，以满足不同的用户需求。图 11-3 所示为优酷平台视频搜索时长分类筛选项。

图 11-3　优酷平台视频搜索时长分类筛选项

西瓜视频平台准确地抓住了市场发展方向和用户需求，着重发展中视频，并在视频搜索引擎的时长分类筛选项中，将 1~30 分钟的视频进一步分为 4 个选项，如图 11-4 所示。

图 11-4　西瓜视频平台视频搜索时长分类筛选项

正如同抖音平台是短视频的代表，而西瓜视频的平台调性则可以说是中视频。中视频比其他两种视频更具优势，它是短视频的升级版，也是长视频的迷你版。随着视频行业的不断发展，中视频逐渐成为主流，这一点从抖音和快手都开放了 1 分钟以上的视频时长就可以看出来。

为了大力发展中视频，西瓜视频推出了 20 亿元的补贴计划，除此之外，还推出了"活字计划"。西瓜视频"中视频"平台调性比 B 站"年轻人"的平台调性更具有普适性，其产品所能触达的用户人群更加广泛。

11.2　作者权益：平台提供的服务

在西瓜视频的创作过程中，为了鼓励内容创作者创作出更多优质的视频内容，平台会给予他们很多权益和服务，进而帮助其更好地运营。本节笔者将从创作激励、信用分、版权知识、视频原创等方面来为大家逐一介绍平台提供的权益和服务。

11.2.1　创作激励：权益和成长体系

西瓜创作平台的创作激励是平台为运营者提供的一系列权益和成长体系，它包括了不同层级的创作人权益和信用分规则。图 11-5 所示，为不同层级创作人权益的详细介绍。

创作人权益

- 创作人权益是西瓜视频平台提供给创作人的一系列独特功能，涉及创作、变现等多个方面。创作激励集中展示了权益的申请入口、申请条件、使用方法和使用规范，帮助创作人更高效地获得和使用权益。计划根据粉丝数将权益划分为4个层级：基础权益，千粉权益，万粉权益，五万粉权益。
- 基础权益：加入「创作激励」后，可开通「创作收益」、「视频原创」等权益。
- 千粉权益：随着粉丝增加，影响力提升，达到 1000粉丝 后可申请「视频赞赏」。
- 万粉权益：粉丝数达到 10,000，权益更加丰富多样。以往申请难度较大但创作人都十分渴求的功能都包含其中。「付费专栏」、「商品卡」，大大丰富了创作人变现途径。
- 五万粉权益：粉丝数达到 50,000，创作人将被接入「VIP客服」服务，365天全年人工答疑；「创作社群」是平台搭建的官方创作人交流社群。加入后可抢先了解平台动态，获得在线运营指导、与同领域创作人零距离交流。

图 11-5　创作人权益介绍

信用分是衡量视频内容健康程度和规范程度的分值，满分和初始分都是 100 分，如果运营者的视频内容违反了平台规则，将会扣除相应的信用分，信用分会影响权益的申请和使用，因此，运营者要遵守平台的规范和规则。关于信用分的具体内容，笔者会在后文详细为大家进行介绍。

那么，创作激励的入口在哪呢？运营者可以在电脑上进入西瓜创作平台官网，然后单击"创作激励"按钮，如图 11-6 所示，即可进入"创作者计划"页面，如图 11-7 所示。

图 11-6　单击"创作激励"按钮

图 11-7　"创作者计划"页面

专家提醒

平台会对运营者的视频内容质量进行审核，如果多次发布违规、低质的内容，运营者将不再享有权益。

11.2.2　信用分：申诉以及恢复机制

前文笔者提到了有关信用分的内容，既然信用分和创作人权益息息相关，那么它们的规则又是怎样的呢？图 11-8 所示为不同的信用分分值对应的权益情况。

信用分分值	权益情况
100	可使用已有权益和申请新的权益
60-99	可使用已有权益，但不可申请新的权益；必须将信用分恢复至100分，才可以恢复新权益的申请资格
1-59	所有权益都关闭，不可使用，也不可申请新的权益；必须将信用分恢复至100分，才可以再次申请恢复原有权益，申请成功后即可恢复使用，同时也可以申请新权益
0	分数不可恢复，并触发帐号封禁。当帐号严重违规时，平台也将直接进行封禁

图 11-8　不同的信用分分值对应的权益情况

当运营者违反平台规定而被扣除信用分时，可以进行申诉。运营者申诉的途径一共有四种，即西瓜创作平台、西瓜视频 App、头条号后台、今日头条 App。以西瓜创作平台为例，在"创作者计划"页面（见图 11-7）信用分的下方单击"查看详情"按钮，进入"我的信用分"页面，如图 11-9 所示。

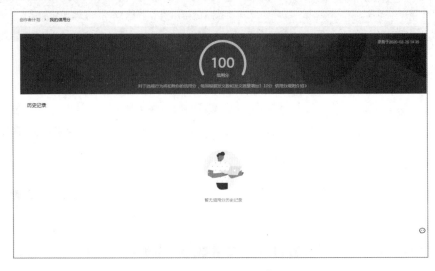

图 11-9　"我的信用分"页面

专家提醒

　　信用分被扣除时会有消息通知，运营者可以找到相关扣分记录进行申诉。

被扣除的信用分是可以恢复的，图 11-10 所示为信用分恢复机制。

信用分恢复机制

- 信用分满分和初始分皆为100分。
- 连续10天无违规情况（从扣分的第二天开始计算），信用分恢复10分；如有新的违规情况，则重新开始计算，连续10天无违规，信用分恢复10分，以此类推。
- 例如，帐号在4月2日被扣分，则从4月3日起，连续10天内无违规，4月12日信用分恢复10分；如帐号在4月3日-4月12日再次出现违规情况，则恢复周期从最新一次扣分日期的第二天开始计算（例如：4月5日再次被扣分，则10天周期从4月6日起重新开始计算。

图 11-10　信用分恢复机制

11.2.3　版权知识：维护自己的权益

在任何形式的内容创作中，内容创作者都非常重视作品版权的问题，版权的定义如图 11-11 所示。

什么是版权

- 版权即著作权，指创作人针对其创作的作品享有的一系列专有权利，包括《著作权法》规定的若干权利项，如信息网络传播权、复制权、改编权等。
- 一般情况下，只有版权所有者才能决定他人是否有权使用其作品，故非本人创作/拍摄/未获得版权所有者授权使用的内容（含未获授权使用他人素材进行二次剪辑）等均可能存在版权风险。
- 关于版权知识，也可以戳链接查看视频介绍⇨官方运营解读版权规则。

图 11-11　版权的定义

为了打击搬运抄袭，维护创作者的合法权益，国家出台了相关法律法规，平台也采取了相应的措施。图 11-12 所示为保护版权的原因。

如果运营者的视频作品被搬运抄袭，可以通过以下这些方法进行侵权投诉，如图 11-13 所示。

那么，运营者该如何创作视频内容，才能得到版权保护呢？其具体方法如图 11-14 所示。

为什么要保护版权

- 根据相关法律法规，保护版权指的是对创作人具有"独创性"的原创作品予以保护。重视版权保护，打击站内、站外的侵权行为，有利于在维护国家精神文化建设成果的同时，保证创作人的合法权益不受侵犯。这也有助于保护原创创作人智力劳动成果及创作积极性，营造尊重原创、保护原创、对搬运抄袭零容忍的良好创作氛围。
- 为此，西瓜视频官方也会定期在头条号【西瓜视频创作中心】发布打击侵犯版权行为的公告，并为优质原创创作人提供免费的全网侵权检测和维权服务，为创作人提供便捷的维权投诉渠道，以提高用户的原创意识，减少维权困难。

图 11-12 保护版权的原因

- 如果是西瓜/头条站内的创作人搬运您的视频，您可以通过以下方式进行侵权投诉：
  - 电脑端侵权投诉：今日头条、西瓜视频平台侵权投诉指引。
  - 头条App举报：视频右上角/或右下角点击"..."，选择"举报"进行举报，平台会核实处理。
  - 开通原创保护功能的原创创作人，可以使用视频原创保护功能-站内维权下架，详见：原创保护。
- 如果是其他网站的创作人搬运您的视频，您可以通过以下方式进行侵权投诉：
  - 有视频原创保护-站外维权功能的优质原创创作人，可以使用站外维权功能，详见：站外维权。
  - 向其他网站公示的投诉渠道进行反馈，由其他网站按照其投诉处理规则核查处理。
  - 可在此举报维权： 中国互联网举报中心；北京互联网违法和不良信息举报中心。
- 如您通过西瓜头条官方侵权投诉，为帮助您准确高效维权，请您在提交材料时注意：
  - 阅读侵权投诉流程说明侵权投诉，准确填写并提供有力的原创证明材料：包含但不限于带有明确创作时间的创作手稿/工程截图/创作思路/配音文案等能够证明创作过程的相关材料。您所提交的真实证明材料越完整，愈加能够帮助您准确维权。
  - 填写【涉嫌侵权/违法违规内容链接】时，需要您提供侵权链接、原创作品首次公开发表链接。
  - 如您在举报材料填写过程中出现问题，无法顺利提交。可前往问题咨询联系西瓜君，按照页面登录指引完成登录后提交疑问即可。

图 11-13 侵权投诉的方法

- 因作品的创作形式多样，故非独立创作或未经版权方授权且非合法合理使用他人享有著作权的内容（包括但不限于图片、游戏、文字、音频、视频内容等），如以洗稿、复制拼凑方式重新整合等，在表达上与在先作品存在实质性的相似或近似的内容及侵犯他人版权合法权益的其他内容都存在版权风险。
- 例如：对于创作人利用影视、动漫、综艺、音乐等作品相关素材进行二次剪辑的视频，若未经授权仅进行简单陈述、翻译、配音，无更丰富的体现个人思想的独创性表达，都存在侵权风险。
- 故为保护您的创作成果，建议您使用尽可能多的个人独创素材创作作品，作为原创创作人，平台亦将为您的原创作品提供更多的保护。
- 如您的创作必须适当使用他人内容，则建议在合理使用范围内引用，合理使用情形包括：
  - 为介绍、评论某一作品或者说明某一问题。
  - 适当引用他人已经发表的作品。否则需先获得相应许可。建议您与版权所有者取得联系，与其协商获得许可后再行使用。

图 11-14 得到版权保护的方法

11.2.4　视频原创：可享受权益保护

"视频原创"权益可以让运营者获得更多的流量推荐和收益，并享受原创保护。那么，什么是原创视频作品呢？图 11-15 所示为原创视频作品的标准。

原创视频作品的标准

- 个人实拍类作品
  - 真人出镜拍摄的视频作品。
  - 非真人出镜但结合视频内容、视频特征和帐号信息可以判断视频内容为个人实拍类作品。
- 二次剪辑创作类作品
  - 在原视频素材基础上，二次创作成为一个丰富、有信息量、有自己编辑思路、有独创性的新视频作品。
  - 二次创作形式包括但不限于体现自己想法和思考的解说点评、剪辑制作、特效包装、音频处理等。
- 更多原创审核问题可以观看该西瓜大学的原创视频课程。

图 11-15　原创视频作品的标准

图 11-16 所示为不满足平台原创标准的视频作品。

不满足平台原创标准的视频作品

- 上传与他人相似的作品
  - 上传他人原创作品。
  - 在未获得版权方授权或无版权的情况下，发布（或直接上传）影视/动漫/综艺/音乐/新闻/游戏体育赛事等版权内容原片段。
  - 纯录屏类内容，对创作人没有参与摄像、录制、加工的作品进行录播。
- 对素材二次创作程度不高
  - 内容丰富度低，如对原有素材进行简单剪辑拼接，或简单添加短暂的开场白、场景过渡串词、背景音乐等。
  - 二次创作成本较低，仅对视频素材或文案进行简单的翻译、配音生硬刻板等。
  - 解说信息单薄，没有明确的主题和个人有效信息价值观点输出，视频内的解说文案涉嫌抄袭、观点来自网络。
  - 引用素材低质，如引用视频和图像素材存在模糊抖动、拉伸放大/缩小、明显黑边等情况。
  - 引用素材和视频主题的关联性低。
- 同一视频发布在不同帐号，且均声明原创

图 11-16　不满足原创标准的视频作品

被平台判定为违规原创的视频作品，如图 11-17 所示。

滥用"视频原创"权益，违规声明原创，会遭到平台的处罚。图 11-18 所示为违规惩罚标准。

当运营者收到平台发送的滥用视频原创通知时，可以通过提交原创证明材料进行申诉，平台工作人员会进行复审。

申诉材料一共有三种类型，第一种是版权授权证明，第二种是视频原创证明，

第三种是视频文本创作证明，其具体内容如图 11-19 所示。

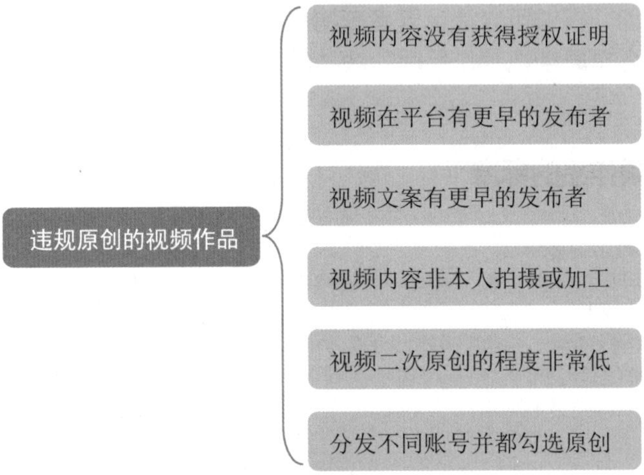

违规原创的视频作品

- 视频内容没有获得授权证明
- 视频在平台有更早的发布者
- 视频文案有更早的发布者
- 视频内容非本人拍摄或加工
- 视频二次原创的程度非常低
- 分发不同账号并都勾选原创

图 11-17　违规原创的视频作品

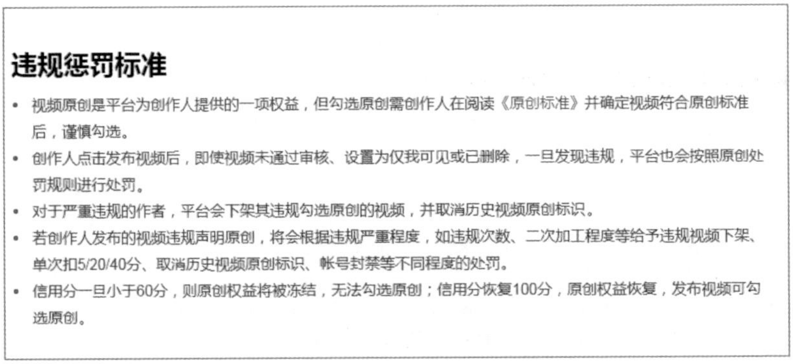

违规惩罚标准

- 视频原创是平台为创作人提供的一项权益，但勾选原创需创作人在阅读《原创标准》并确定视频符合原创标准后，谨慎勾选。
- 创作人点击发布视频后，即使视频未通过审核、设置为仅我可见或已删除，一旦发现违规，平台也会按照原创处罚规则进行处罚。
- 对于严重违规的作者，平台会下架其违规勾选原创的视频，并取消历史视频原创标识。
- 若创作人发布的视频违规声明原创，将会根据违规严重程度，如违规次数、二次加工程度等给予违规视频下架、单次扣5/20/40分、取消历史视频原创标识、帐号封禁等不同程度的处罚。
- 信用分一旦小于60分，则原创权益将被冻结，无法勾选原创；信用分恢复100分，原创权益恢复，发布视频可勾选原创。

图 11-18　违规惩罚标准

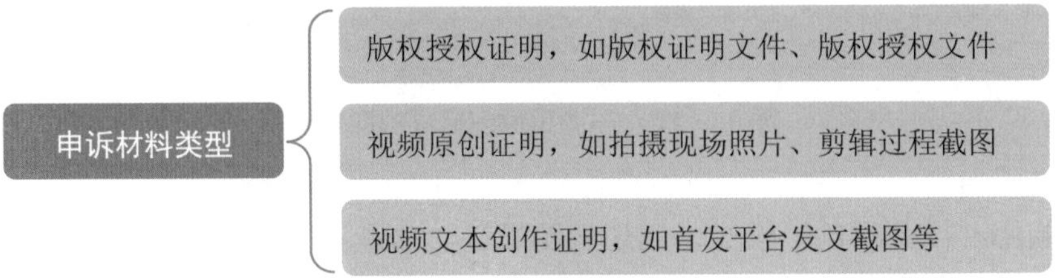

申诉材料类型

- 版权授权证明，如版权证明文件、版权授权文件
- 视频原创证明，如拍摄现场照片、剪辑过程截图
- 视频文本创作证明，如首发平台发文截图等

图 11-19　申诉材料类型

申诉提交后，工作人员会在 5 个工作日内完成复核。在进行申诉时，运营者还要注意以下这些事项，如图 11-20 所示。

申诉的注意事项

- 一次滥用原创惩罚，仅支持提交一次申诉。
- 目前仅支持对2020年6月2日之后的滥用原创惩罚，进行申诉。
- 以上申诉材料示例文件仅供参考，原则为：权属证明文件中的授权范围需支持以申诉人名义在西瓜视频平台进行。信息网络传播，具体授权内容以申诉人实际提供内容为准。

图 11-20 申诉的注意事项

11.2.5 服务帮助：解决运营的问题

当运营者在创作和运营的过程中遇到问题和疑惑时，可以通过西瓜视频 App 或者西瓜创作平台进行反馈和寻求帮助。在咨询在线客服时，官方人员的工作时间为上午 8:30 到晚上 10:30。因此，笔者建议运营者在其工作的时间进行咨询和沟通，以减少等待的时间。

那么，西瓜视频 App 和西瓜创作平台的服务帮助入口分别在哪呢？接下来笔者就分别介绍其进入的方法。

打开西瓜视频 App，在"我的"页面点击"创作中心"按钮，如图 11-21 所示；进入"创作中心"页面，点击"问题反馈"按钮，如图 11-22 所示；进入"问题反馈"页面，如图 11-23 所示，这时就可以和平台工作人员进行沟通了。

图 11-21 点击"创作中心"按钮

图 11-22 点击"问题反馈"按钮

图 11-23 "问题反馈"页面

另外，运营者还可以在西瓜视频 App 上，向平台提出意见和反馈。在"我的"页面点击"反馈与帮助"按钮，如图 11-24 所示；进入"反馈与帮助"页面，点击"意见反馈"按钮，如图 11-25 所示；进入"意见反馈"页面，输入反馈内容，上传图片，填写联系方式，点击"提交"按钮即可，如图 11-26 所示。

讲解完西瓜视频 App 的服务帮助入口，下面笔者就来介绍西瓜创作平台的服务帮助入口。在西瓜创作平台的右下角，将鼠标指针放到"☺"按钮上，在弹出的列表中选择"在线客服"选项，如图 11-27 所示；进入在线和人工客服页面，如图 11-28 所示，这时就可以进行问题咨询了。

图 11-24　点击"反馈与帮助"按钮

图 11-25　点击"意见反馈"按钮

图 11-26　点击"提交"按钮

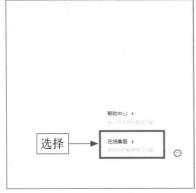

图 11-27　选择"在线客服"选项

图 11-28　在线和人工客服页面

11.3 违规条例：西瓜视频的规范

在进行西瓜视频内容创作的过程中，运营者要遵守平台的规则和内容规范，提升视频创作的质量，为用户提供更多优质的视频作品。西瓜视频平台为了营造健康绿色的网络环境，给用户提供更好的视频观看体验，发布了西瓜视频违规条例说明，并且对运营者发布的视频内容进行审核，如果内容违反了平台规定，则会面临被扣分或封号的处罚。

因此，运营者必须熟悉西瓜视频的违规条例，只有这样才能避免"雷区"。本节笔者就来为大家讲解这方面的相关内容。

11.3.1 低质问题：降低用户的体验

如果视频作品粗制滥造，就会降低用户的体验，视频低质问题包括以下几个方面。

1. 标题低质

标题低质问题，就是视频标题不符合西瓜视频的平台规范，主要有以下几种类型，如图 11-29 所示。

图 11-29 标题低质的类型

2. 封面低质

封面低质的问题主要包括三个方面，即画质低质、内容质量问题、制作粗糙或无加工。

1）画质低质

画质低质的类型主要表现在六个方面，如图 11-30 所示。

2）内容质量问题

内容质量问题的类型主要包括五个方面，如图 11-31 所示。

3）制作粗糙或无加工

制作粗糙或无加工，所谓无加工就是没有进行二次创作，封面是随意截取视频的一帧画面，并且没有任何的配文和后期处理，导致画面不够精美或无法突出视频主题。

另一种情况就是虽然封面进行了二次创作，但制作非常粗糙，比如配字样式粗糙、配字看不清以及遮挡主体等。

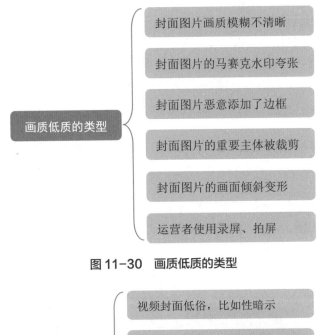

图 11-30 画质低质的类型

图 11-31 内容质量问题类型

3. 画面声音低质

画面声音低质是指在视频播放过程中，画面和声音质量低，导致用户的观看体验差。画面声音低质主要表现在四个方面，即恶意缩放画面、视频添加边框、内容格式低质和声音低质问题，具体内容如下。

1）恶意缩放画面

恶意缩放画面会导致画面中的视频信息显示不完整，比如对 Logo、字幕、图标以及人物进行裁切。

2）视频添加边框

无论是视频封面还是视频画面，都是不能有边框的，比如四周添加边框、竖版视频含边框等。

3）内容格式低质

内容格式低质主要有以下几个方面。

- 视频画面模糊，分辨率和像素较低或视频没有对焦。
- 视频故意拼接，如分屏视频或视频片段重复播放。
- 水印夸张，比如出现多个 Logo 或马赛克太大。
- PPT 类视频，视频由图片剪辑拼接而成，就像播放 PPT。
- 黑屏、花屏、纯色屏，视频中掺杂长时间的黑屏、花屏或纯色屏的画面，导致用户观看体验下降。
- 低质的片头、片尾和无意义的视频。
- 画面倾斜或画面比例变形。

4）声音低质问题

声音低质问题主要包括四个方面，如图 11-32 所示。

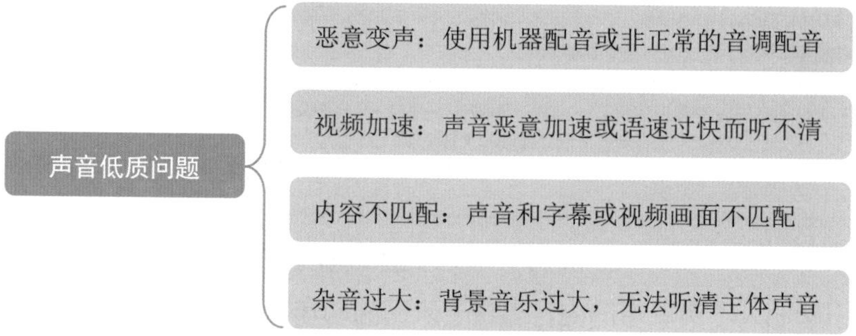

声音低质问题
- 恶意变声：使用机器配音或非正常的音调配音
- 视频加速：声音恶意加速或语速过快而听不清
- 内容不匹配：声音和字幕或视频画面不匹配
- 杂音过大：背景音乐过大，无法听清主体声音

图 11-32　声音低质问题

11.3.2　违法违规：违反规则和法律

违反法律法规和相关政策的行为和视频内容是平台严厉禁止的，主要包括以下五个方面，如图 11-33 所示。

宣传分裂国家和反人类行为的内容

展示危险器具，如枪支和管制刀具

违法违规的行为
和内容类型

非法行为，如宣传办理假证等

宣传赌博、千术讲解等相关信息等

平台暂时无法审核的内容，如方言

图 11-33　违法违规的行为和内容类型

11.3.3　疑似低俗：三大内容的类型

涉及疑似低俗的内容主要有三大类型，即不利于隐私保护的内容、易引起他人不良联想的内容、不宜展示的低俗内容。不利于隐私保护的内容主要包括以下这些方面，如图 11-34 所示。

不利于隐私保护的内容

- 涉及隐私部位的特写或裸露，不利于出镜人的隐私保护，不适宜公开播放。
- 隐私部位包括臀部、裆部、胸部等部位。
- 除常见的日常拍摄过程中无意导致，还包括以下场景：照顾老人及病患过程中、育儿类视频涉及哺乳过程、医疗知识类视频涉及分娩等出现隐私部位裸露，建议对相关画面进行删减或适度遮挡。
- 关于什么是涉及疑似低俗的内容，也可以戳链接查看视频介绍∽官方运营解读平台规则。

请注意避免在封面、内容出现。

图 11-34　不利于隐私保护的内容

易引起他人不良联想的内容有过于亲密的动作、过于性感的舞蹈和过于展示身体曲线等；不宜展示的低俗内容有风月场所、成人作品、成人用品等。

11.3.4　专业领域：需要资质的内容

在西瓜视频的创作中，有些专业领域的内容如果运营者没有相关资质的话，是不允许发布的，主要有三大领域的内容类型，如图 11-35 所示。

11.3.5　广告营销：不允许推广引流

利用西瓜视频进行广告营销也是平台所不允许的，下面笔者就来列举几种引流方式和广告类型，如图 11-36 所示。

需要资质的专业内容类型
- 新闻类：未获得互联网新闻信息服务许可，不得发布和转载新闻信息
- 未申请健康专业资质认证的运营者，不得发布疾病治疗和用药指导等内容
- 未申请财经专业资质认证的运营者，不得发布股票买卖指导、投资理财等内容

图 11-35　需要资质的专业内容类型

引流方式和广告类型
- 夹带销售话术、购买渠道和联系方式等硬广告内容，诱导交易
- 推广引流，包括第三方平台营销和福利引流
- 健康医疗广告：含有无法辨别真伪的健康医疗类推广信息，如安全性未知的药品等
- 软件技术类恶意推广：含有软件技术类恶意推广信息，如钓鱼网站、盗版软件等
- 金融广告：含有涉及投资理财、彩票借贷等金融类广告，如股票、足彩等
- 古玩收藏广告：含有古玩收藏类广告，如玉石、古董等，诱导交易
- 美食探店广告：含有美食探店类的恶意推广，夹带店铺信息和优惠信息等
- 推广和宣传生肖风水运势对客观事物的影响
- 推广兼职创业，可能会给用户带来经济损失

图 11-36　引流方式和广告类型

11.3.6 谩骂歧视：引起不必要争端

标题、封面或视频内容中含有谩骂、歧视的攻击性语言，或在视频中过度地宣泄情感，容易引起用户的争端和反感，具体内容如下。

（1）谩骂攻击：使用侮辱性的词语辱骂或骚扰他人。

（2）歧视特定群体：视频内容观点和言论中带有明显的地域歧视、种族歧视、职业身份歧视、弱势群体歧视、性别歧视等。

（3）情绪宣泄：使用带有强烈情感的词语来表达自己的观点和态度，或者用粗俗的语言来发泄自己的情绪。

11.3.7 不合情理：违背社会公序良俗

违背社会公序良俗的视频内容主要包括以下几种类型，如图 11-37 所示。

```
违背社会公序良俗的    ┌─ 整蛊行为：捉弄他人，诽谤、侮辱特定群体
视频内容              │
                      ├─ 虐待动、植物：比如虐杀和捉弄流浪、野生动物
                      │
                      ├─ 不健康婚恋关系：如出轨、乱伦和潜规则等
                      │
                      ├─ 宣传不正确的价值观：比如违背伦理和丧文化
                      │
                      ├─ 展示危险动作行为：异食癖和非常规方式进食
                      │
                      ├─ 不文明行为：如违反道路交通安全法规等
                      │
                      ├─ 涉及吸烟：展示烟草、电子烟和吸烟的画面
                      │
                      └─ 宣传封建迷信、旧俗陋习，违背科学常识
```

图 11-37　违背社会公序良俗的视频内容

11.3.8 虚假宣传：发布谣言或不实视频内容

发布谣言或不实视频内容主要表现在以下四个方面。

1．捏造事实

通过凭空杜撰和扭曲事实的方式来制造耸人听闻的谣言。

2．知识虚假

向用户普及违背常理的知识，传播毫无根据的事物，编造虚假信息。

3．观点虚假

通过虚构他人观点或虚构权威观点来煽动用户情绪，进行炒作。

4．信息错误

发布与事实不一致的视频内容，其关键信息不准确，达到歪曲事实的目的，如重要名称错误、数据错误、时间地点错误等。

11.4　机制流程：推荐算法和审核

运营者要想得到平台推荐，获得更多的流量和曝光，就要了解西瓜视频的推荐机制和审核流程。本节笔者就来为大家讲解西瓜视频的推荐与审核。

11.4.1　算法机制：西瓜视频的推荐

要想了解推荐机制，首先就要了解用户的观看兴趣。推荐机制的原理就是为用户提供其感兴趣的内容，它就像一座桥梁，连接用户和内容。西瓜视频的推荐机制有以下两个特点，如图 11-38 所示。

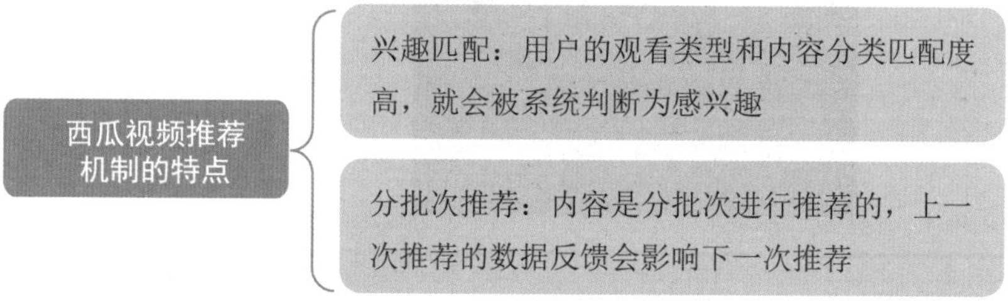

图 11-38　西瓜视频推荐机制的特点

在视频的第一次推荐中，如果数据反馈不理想，比如点击率低，点赞、评论和转发量少，那么，在第二次推荐时，系统就会减少推荐量。反之，如果数据反馈不错，系统就会增加推荐量。

因此，运营者要想获得更多的用户流量，就必须想办法提升视频的各种数据维度，笔者建议可以从以下这些方面着手，如图 11-39 所示。

标题和封面要有吸引力，以此提高点击率

创作出优质的内容，以提高视频的完播率

提升视频数据维度的方法

内容要有干货和价值，增加视频的收藏量

观点鲜明，引导互动，增加评论和转发量

图 11-39　提升视频数据维度的方法

11.4.2　时长层级：西瓜视频的审核

运营者在上传西瓜视频时，系统会自动对你的视频进行转码，然后再进行审核，不同视频所需的转码时间不同。如果视频清晰度非常高，文件很大的话，那么转码就需要较长时间。因此，为了减少转码的时间，快速通过审核，运营者可以设置极速发布模式，这样可以大大缩短等待的时间。

那么，极速发布模式在哪儿设置呢？运营者可以在电脑端西瓜创作平台单击"创作设置"按钮，就可以看到极速发布的设置，如图 11-40 所示。

图 11-40　极速发布设置

专家提醒

系统是默认开启极速发布设置的，并且不会影响视频的推荐。

不同视频的审核时长是不同的，一共有以下几个层级，如图 11-41 所示。

- ○ 【极速】预计审核完成时间：10 分钟内
- ○ 【畅通】预计审核完成时间：30 分钟内
- ○ 【正常】预计审核完成时间：1 小时内
- ○ 【轻微积压】预计审核完成时间：2 小时内
- ○ 【拥挤】预计审核完成时间：4 小时内
- ○ 【阻塞】预计审核完成时间：大于 4 小时

图 11-41 视频审核时长的层级

第 12 章

方法操作：
西瓜视频的内容创作和运营

学前提示

了解了西瓜视频的概况以后，接下来我们就要开始学习西瓜视频的内容创作和运营的相关技巧了。在进行西瓜视频内容创作之前，我们首先要做好相关的准备工作，如账号定位、方法技巧等。

12.1 准备工作：打造优质的内容

作为一个西瓜视频的运营新手，要想创作出优秀的视频内容，就需要按部就班地来进行。首先，要对自己的账号进行定位，这样你才能知道内容创作的方向；其次，要进行内容题材的选择，这样才能知道创作的视频内容是什么；最后，进行视频脚本的策划编写，也就是通常所说的视频文案，这样才能顺利地把视频创作出来。

除此之外， 还有视频标题的撰写、封面的选取等，本节笔者就逐一为大家讲解这些知识技巧。

12.1.1 账号定位：找准创作的方向

确定自己的账号定位，也就是进行内容领域的选择，那么运营者该如何进行账号定位呢？笔者建议可以从三个方面来入手，如图 12-1 所示。

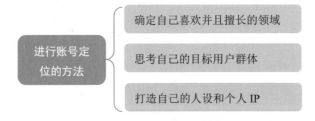

图 12-1 进行账号定位的方法

12.1.2 选题技巧：确定创作的内容

确定了账号定位以后，在视频创作的过程中，我们又该如何来确定每次创作的视频内容呢？运营者可以从以下三个方面来入手，如图 12-2 所示。

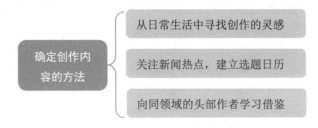

图 12-2 确定创作内容的方法

12.1.3 视频文案：脚本创作的方法

选好视频创作的题材后，我们就要来进行视频脚本的策划了。不管是视频拍摄还是视频的二次原创，都需要撰写视频文案，只有撰写出具体的文案内容，你才有可能创作出优秀的视频作品。在进行视频创作之前，运营者需要做好以下三个方面的准备工作，如图 12-3 所示。

图 12-3　视频创作前的准备工作

进行视频的脚本策划主要有两种方法，一种是根据视频主题写逐字稿；另一种是把逐字稿改成脚本形式。接下来，笔者就分别来介绍这两种方法。

1．根据视频主题写逐字稿

根据视频主题写逐字稿的这种脚本创作方法需要注意结构和内容两个方面。从结构方面来说，视频脚本主要分为四个部分，具体内容如图 12-4 所示。

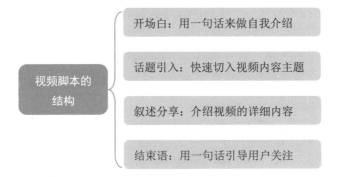

图 12-4　视频脚本的结构

从视频内容方面来说，运营者要做到以下三点，如图 12-5 所示。

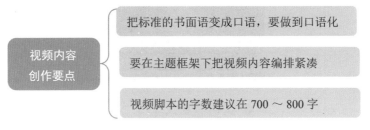

图 12-5　视频内容创作要点

2．把逐字稿改成脚本形式

把逐字稿改成脚本形式的这种方法需要把握两个方面的要素，一个是文案内容，另一个是画面内容，具体内容如下。

（1）文案内容：将逐字稿按照故事情节进行分段。

（2）画面内容：说明每段文案内容对应的表现形式。

12.2　方法技巧：西瓜视频的创作

做好西瓜视频创作的准备工作以后，接下来，笔者就来讲解西瓜视频创作的相关技巧，包括标题和封面、水印设置、视频修改等，从而帮助大家制作出爆款视频。

12.2.1　标题和封面：提高视频点击率

标题和封面对视频的流量推荐非常重要，优质的标题和封面能够吸引用户的眼球，从而提高视频的点击率。下面笔者就来讲解这两方面的内容。

1．标题

运营者该如何来撰写一个优质的视频标题呢？我们可以运用以下两点技巧，具体内容如下。

（1）标题不能太短，需要表达出视频的重点内容。

（2）标题不要使用过度夸张的词语，以免违反规则。

2．封面

除了标题以外，封面也决定着用户对视频的第一印象。图 12-6 所示为西瓜视频运营者"巫师财经"发布的视频封面。

图 12-6　"巫师财经"发布的视频封面

从图 12-6 中，我们可以看到作品封面占据了 App 很大的页面比例，非常显眼，很容易引起用户的注意，用户会通过封面来判断视频的大致内容。因此，优质的视频封面可以大大提高视频的点击率。

那么，什么是优质的视频封面呢？优质的视频封面至少要满足以下三个要求，如图 12-7 所示。

图 12-7　优质封面的要求

另外，运营者在上传封面时，可以使用系统推荐的模板，套用模板可以快速美化封面，如图 12-8 所示。

图 12-8　系统封面模板

12.2.2　水印设置：防止其他人盗用

在西瓜创作平台的"创作设置"页面中，运营者可以给自己的视频设置专属昵称水印（见图 11-39），添加水印可以在一定程度上防止他人搬运、抄袭。开启原创视频水印后，用户在观看视频时，就可以看到视频水印，如图 12-9所示。

图 12-9　视频水印

12.2.3　视频修改：更改标题和封面

运营者在发布视频后，如果对视频的标题和封面不满意，还可以进行修改。在西瓜创作平台的"内容管理"页面，单击对应视频右侧的"修改"按钮，如图 12-10 所示。进入"视频信息"页面，修改完成之后，单击"保存修改"按钮即可，如图 12-11 所示。

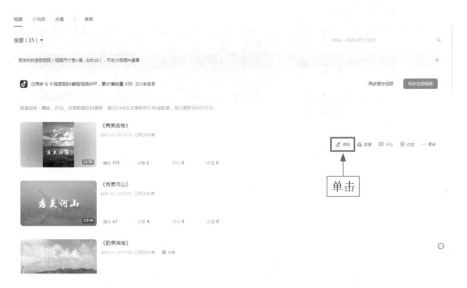

图 12-10　单击"修改"按钮

图 12-11　单击"保存修改"按钮

12.2.4　创建合集：将视频进行分类

西瓜视频的合集包含多个视频，用户可以通过点击其中一个视频而看到其他另外的视频，视频合集会在运营者的个人主页中展示，如图 12-12 所示。

图 12-12　个人主页中的视频合集

使用合集功能有两大好处，具体内容如下。

（1）可以将相同主题的视频进行分类，把它们整理到一起，并基于合集主题持续创作优质视频。

（2）由于用户在观看合集中的其中一个视频时，也可以看到其他更多的视频，因此运营者可以获得更多的视频播放量。

在创建合集时，要填写合集标题，上传合集封面，并添加相应的视频。图 12-13 所示为"创建合集"页面。

图 12-13　"创建合集"页面

在撰写合集标题时，运营者要注意以下几点，如图 12-14 所示。

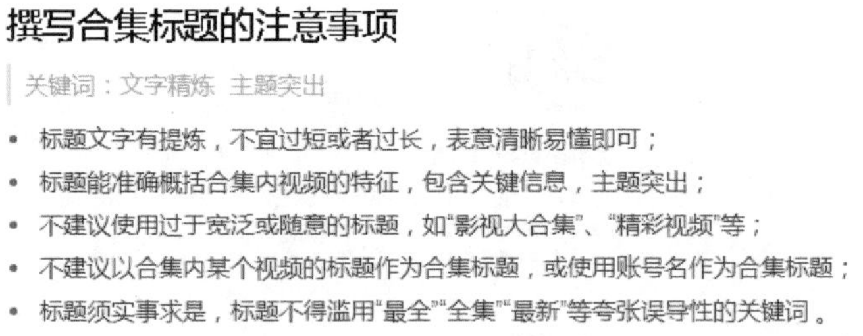

撰写合集标题的注意事项

关键词：文字精炼　主题突出

- 标题文字有提炼，不宜过短或者过长，表意清晰易懂即可；
- 标题能准确概括合集内视频的特征，包含关键信息，主题突出；
- 不建议使用过于宽泛或随意的标题，如"影视大合集"、"精彩视频"等；
- 不建议以合集内某个视频的标题作为合集标题，或使用账号名作为合集标题；
- 标题须实事求是，标题不得滥用"最全""全集""最新"等夸张误导性的关键词。

图 12-14　撰写合集标题的注意事项

在上传合集封面时，运营者也要注意以下几点，如图 12-15 所示。

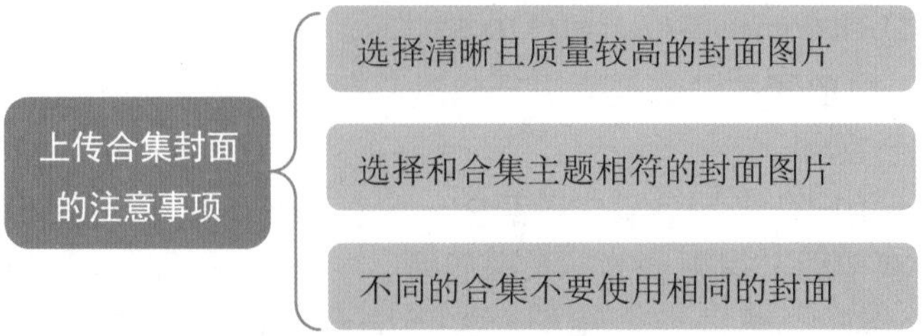

上传合集封面的注意事项
- 选择清晰且质量较高的封面图片
- 选择和合集主题相符的封面图片
- 不同的合集不要使用相同的封面

图 12-15　上传合集封面的注意事项

另外，在创建视频合集时，还需要注意以下几点，如图 12-16 所示。

创建视频合集时的注意事项

关键词：视频有关联 内容结构化

- 合集内视频应具有一定的关联性，视频内容需要与合集主题保持一致；
- 不建议将相关性弱的视频加入合集中，"大杂烩式"的合集并无增益；
- 不建议将个人发布的历史视频不加选择地加入合集中，需基于合集主题做内容挑选；
- 如合集内视频有观看次序性的要求，则应避免出现缺序、乱序、倒序等问题；
- 如合集内视频仍然处于持续创作中，则应保持一定的更新频率，避免断更；
- 合集内视频应避免缺漏，合集内包含丰富的系列视频更能体现合集的价值。

图 12-16　创建视频合集时的注意事项

12.2.5　添加章节：将视频进行分段

添加章节功能可以帮助运营者将自己的视频进行分段，并且给每段视频设置一个标题，用户可以通过每段视频的章节标题了解视频内容，并且可以选择自己感兴趣的视频片段进行观看。

那么，添加章节在哪儿设置呢？运营者在西瓜创作平台上传视频后，可以在"详细信息"区域的更多选项中进行设置，如图 12-17 所示。

图 12-17　添加章节的设置

添加章节的使用规则，如图 12-18 所示。

添加章的使用规则

- 仅支持对一分钟以上的视频添加章节。
- 在页面左侧可以填写章节时间和标题，在右侧可以预览视频。
- 添加章节相关规则。
  - 第一章默认从0时0分0秒开始，且不可修改；
  - 后一章时间不能早于前一章时间；
  - 每个章节长度至少为5秒，且章节名称最多支持15个字；
  - 最多支持添加 50 个章节。
- 至少添加两个章节后可点击确定，即可完成章节添加。

图 12-18　添加章节的使用规则

专家提醒

　　目前，添加章节功能还在内测中，并且小于 1 分钟的视频不可添加章节。

12.2.6　外挂字幕：支持多语言切换

外挂字幕其实就是单独字幕文件，与普通字幕相比，它需要单独制作并导入字幕文件。图 12-19 所示为普通字幕和外挂字幕的区别。

> 普通字幕和外挂字幕的区别
>
> 普通字幕：嵌在视频流里面，需要在视频剪辑的过程中制作字幕，可能会被遮挡
>
> 外挂字幕：视频和字幕分开，可以保证不被遮挡，直接进行修改并重新上传

图 12-19　普通字幕和外挂字幕的区别

外挂字幕比普通字幕操作更加方便，支持先发视频再添加字幕，不会因为字幕制作而影响发布视频的时间。此外，西瓜视频的外挂字幕功能还支持多语言字幕切换和双语字幕展示。

那么，添加外挂字幕的入口在哪儿呢？运营者可以在"详细信息"区域的更多选项中单击"添加字幕"按钮（见图 12-17），然后弹出"添加字幕"页面，选择字幕语言并上传字幕文件，最后单击"确定"按钮即可，如图 12-20 所示。

添加字幕

1

字幕语言　　◉ 中文　　英语　　中英双语

＋ 上传字幕文件

＋ 继续添加字幕语言

单击

取消　　确定

图 12-20　单击"确定"按钮

12.3　运营攻略：实现更好的发展

讲解完西瓜视频的创作，接下来，笔者就来为大家讲解西瓜视频运营方面的内容，包括视频数据、创作收入、互动管理、关注引导等。

12.3.1　视频数据：了解运营的情况

运营者要想了解西瓜视频的账号运营情况，就需要查看自己的视频作品数据。视频数据包括展现量、播放量、播放完成度、视频播放时长和视频总播放量几个维度，其具体内容如图 12-21 所示。

数据	定义
展现量	视频展现是指作品被推荐的次数，展现量越高意味着作品能被更多人看到
播放量	视频播放量是指作品播放的次数，是用来衡量作品热度的指标之一
播放完成度	播放完成度是用来衡量用户观看视频的时长情况，完成度越高意味着您的作品对用户的吸引力越大，作品内容编排更加合理、更能吸引观众
视频播放时长	视频播放时长是指作品被观众播放的时间长度，数值越高意味着作品被观看的时间更长，内容更吸引人
视频总播放量	视频总播放量是指通过头条号后台【西瓜视频】发表视频、西瓜视频 App 上传视频、今日头条 App 上传的累计播放量的总和

图 12-21　视频数据的定义

运营者可以在西瓜创作平台的"数据分析"页面查看各项具体数据以及数据趋势图，如图 12-22 所示。

图 12-22　查看各项具体数据和数据趋势

专家提醒

平台每天中午 12 点更新昨日数据，因此，建议运营者在每天中午 12 点以后再查看视频数据。

在进行数据分析时，运营者可以从核心数据、流量来源分析、用户分析和粉丝分析这几个维度来了解账号的运营情况，具体内容如下。

（1）核心数据：包括播放量、互动量以及粉丝数据等。

（2）流量来源分析：帮助运营者了解自己的视频在哪些地方被用户看到。

（3）用户分析：帮助运营者了解自己用户的特征。

（4）粉丝分析：帮助运营者了解自己粉丝的增长情况以及粉丝画像。

12.3.2　创作收入：开通收益并提现

运营者进行西瓜视频运营的最终目的就是获取收益，那么运营者该如何开通收益、查看收益并进行提现呢？下面笔者就来讲解相关内容。

运营者要想自己创作的视频有收益，就需要开通视频创作收益等权限，那么该在哪里开通呢？打开西瓜视频 App，在"我的"页面点击"创作中心"按钮（见

图 11-21），进入"创作中心"页面，点击"创作激励"按钮，如图 12-23 所示。然后进入"创作权益"页面，如图 12-24 所示。

图 12-23　点击"创作激励"按钮

图 12-24　"创作权益"页面

　　那么，收益数据在哪里查看呢？运营者可在西瓜创作平台的"收益分析"页面中查看视频创作收益和整体收益的相关数据。为了更好地对自己的收益情况进行分析，运营者有必要了解各项收益数据的名词含义，如图 12-25 所示。

数据名词	含义
补贴收益	补贴收益是平台为鼓励创作人，制定的视频收益激励政策，视频质量较优、原创的视频创作人将有机会获得更多的平台补贴
视频创作收益	目前在西瓜创作平台拆分为基础收益和补贴收益两部分展示，是二者之和
获利播放量	获利播放量是能带来视频收益的播放量，是去除了重复点击、播放时长不足10秒、西瓜PC站的播放数据，通常少于视频总播放量
千次播放单价	指播放一千次产生的收益，CPM（千次播放单价）=（视频收益/获利播放量）x 1000，是根据播放量、内容质量、原创性、受众群体、粉丝播放量等因素综合评估

图 12-25　收益数据的名词含义

　　那么，西瓜视频的账号收益又该在哪里提现呢？运营者可打开西瓜视频App，在"我的"页面点击"钱包"按钮，如图 12-26 所示；进入"钱包"页面即可查看收入金额并进行提现，如图 12-27 所示。

图 12-26　点击"钱包"按钮　　　图 12-27　"钱包"页面

专家提醒

运营者需要注意，并不是随时都可以进行收益提现，提现开放的时间为每个星期四的上午 9 点到晚上 11 点。

大部分西瓜视频运营新手都会遇到这样一种情况，那就是自己辛苦创作的视频发布之后却没有收益，这是多方面原因造成的。图 12-28 所示为造成无收益的因素。

造成无收益的因素

- 没有加入创作激励；
- 信用分低于60分（即0-59分）没有收益；
- 单条视频播放过少，没有收益；
- 竖屏视频：
  - 6月30日前，若竖屏视频清晰度差、内容质量不佳且信息量不充分，没有收益；
  - 6月30日起，竖屏视频（视频宽度小于视频高度则视为竖屏视频）没有收益。
- 非原创视频：
  - 9月9日前，原创和非原创视频都有机会获得创作收益；
  - 9月9日起，只有声明原创的视频才可以获得创作收益。
- 抖音同步西瓜视频，扶持期过后，没有收益。
  - 2020年9月20号（含20号）之前首次同步视频到西瓜的抖音账号：福利期到期日为2020年10月19号；
  - 2020年9月20号之后首次同步西瓜视频的抖音账号，福利期为首次同步后30天内。

图 12-28　造成无收益的因素

为了进一步了解收益波动的因素，运营者还需要知道西瓜视频收益的计算规则，如图12-29所示。

收益计算规则

- 收益是根据播放量、内容质量、原创性、受众群体、粉丝播放量、内容消费时长等因素综合评估的，同时，不同内容的受众不同，带来的广告收益也会有差异，**没有固定的价格**；
- 帐号被扣分会影响收益
- **视频被下架、删除或撤回会影响收益**：广告收益是每天的24点进行计算的，24点前删除、下架或者撤回主页就不会有当天和之后的收益。
- 是否V论证，与收益没有关系，不会影响收益；
- 收益是多方面因素综合决定的，视频质量、粉丝播放量、完播率等都会影响收益，不同内容的受众不同，带来的广告收益也会有差异；
- 查看产生收益的数据时，请以【收益分析】中的获利播放量为准；
- 计算收益的过程中，平台会排除因非自然渠道、网络、系统、人为原因产生的播放量，因此后台展示的播放量并非计算收益的播放量。

图 12-29　收益计算规则

运营者要想获取更多的收益，关键还得在内容上下功夫，多创作平台所鼓励和受欢迎的视频作品。除此之外，尽量拓宽视频内容的受众范围，增加和粉丝的互动，增强粉丝黏性。图12-30所示为平台鼓励的方向。

平台鼓励的方向

- 为了保证用户的视频观看体验，平台鼓励主题明确，垂直性强，信息量充分的优质原创横屏内容。优质的原创横屏内容有机会获得更高收益，建议发布优质的原创横屏内容。建议视频内容满足以下几点：**定位清晰，主题明确，稳定经营账号，突出个人特色；信息量充分，内容完整，有自己的逻辑思路，避免素材拼凑；内容价值观正向，避免传递负面情绪；标题封面与实际内容强相关，避免夸张或诱导点击；画面清晰，构图合理，音画同步，镜头平稳无抖动，给用户带来沉浸观感体验；**
- 平台鼓励视频受众丰富，视频的受众结构丰富，有机会获得更高收益，如一个视频被不同年龄段、不同性别、不同类别城市的人群观看，则收益可能优于只有一个年龄段、一种性别、一类城市人群观看的视频；
- 平台鼓励账号增加和粉丝的互动，增强粉丝黏性，通过粉丝播放产生的广告收益通常是非粉丝播放产生收益的3倍，粉丝播放量对于收益的影响大于非粉丝播放量。

图 12-30　平台鼓励的方向

12.3.3　互动管理：评论弹幕和私信

粉丝互动是西瓜视频账号运营的重点，接下来，笔者将从评论弹幕管理和私信功能这两个方面来讲解西瓜视频的粉丝互动。

为了更好地了解账号的粉丝情况，如粉丝数量变化、粉丝属性分布，运营者可以在西瓜创作平台的"粉丝概览"页面中查看相关粉丝数据，如图12-31所示。

在西瓜创作平台单击"评论弹幕"按钮，即可查看用户评论和弹幕。图 12-32 所示，为运营者"手机摄影构图大全"的用户评论和用户弹幕。

运营者可以通过回复用户和粉丝的评论、弹幕来互动，还可以通过西瓜视频 App 中的私信功能来进行互动交流，如图 12-33 所示。

图 12-31　"粉丝概览"页面

图 12-32　用户评论和用户弹幕

图 12-32　用户评论和用户弹幕（续）

图 12-33　"私信"入口

12.3.4　发表动态：增强粉丝的黏性

　　西瓜视频的动态功能类似于 QQ 空间说说和微信朋友圈，运营者可以通过它表达自己的想法和观点，或分享生活中一些有趣的事情，从而丰富自己的人设，增强粉丝黏性。图 12-34 所示，为"发动态"页面，运营者可在此发布图文内容。

　　除此之外，运营者也可以将他人的视频转发到自己的动态，还可以在评论时同时转发到动态。粉丝可以在西瓜视频 App 的"关注"频道或运营者的个人主页查看动态。图 12-35 所示，为运营者"手机摄影构图大全"个人主页的动态。

　　运营者在发布动态时，需要掌握一定的创作技巧，如图 12-36 所示。

图 12-34　"发动态"页面

图 12-35　个人主页的动态

创作技巧

- 注重时效性：建议发布近期发生的、新鲜的内容；
- 内容原创：与站内其他动态相似度较高、搬运抄袭的内容会让粉丝厌倦且可能涉嫌违规，经过自身思考发布的内容更有吸引力；
- 突出个人观点、专业知识：结合自身从事行业、专业领域知识内容，更会受到粉丝的喜爱和互动；
- 图文并茂：精美清晰、有趣、有信息量的配图更能抓住粉丝眼球。

图 12-36　西瓜动态的创作技巧

12.3.5　关注引导：提高涨粉的效率

为了提高涨粉效率，西瓜平台为运营者提供了关注引导的功能。关注引导功能的作用就是在视频内添加"关注"按钮，当用户在观看视频时，看到弹出的"关注"按钮，就有可能点击该按钮成为你的粉丝。在使用关注引导功能时，结合声音提示和字幕描述，其吸粉的效果会更好。

那么，我们该如何来设置关注引导呢？运营者在电脑端西瓜创作平台上传视频后，在"详细信息"区域的更多选项中单击"添加引导"按钮（见图 12-17），然后弹出"关注引导"页面，设置"关注"按钮在视频内出现的时间节点，最后单击"确定"按钮即可，如图 12-37 所示。

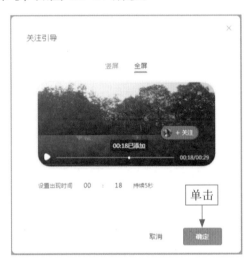

图 12-37　单击"确定"按钮

12.3.6　玩法操作：其他的运营技巧

西瓜视频有个"仅我可见"功能，它可以将发布的短视频设置成只有运营者本人可以观看，那该功能在哪儿设置呢？运营者可以在西瓜创作平台的"内容管理"页面，将鼠标指针放在要设置的短视频作品上，这时在右侧就会出现一排按钮，单击"更多"按钮，在弹出的列表框中选择"仅我可见"选项即可，如图 12-38 所示。

除了"仅我可见"功能，还有"定时发表"功能，该功能可以让运营者自由选择未来一定的时间段内发布视频，时间范围为 2 小时至 7 天内。

如果运营者想要利用视频内容进行推广引流，还可以通过西瓜视频的扩展链接功能来实现。扩展链接功能是通过在图文和视频的详情页中插入外部链接来引流，运营者在电脑端头条号后台上传视频后，就可以在"高级模块→扩展链接"页面的右侧选中"在今日头条 App 的固定位置插入链接"单选按钮，然后输入链接地址即可，如图 12-39 所示。

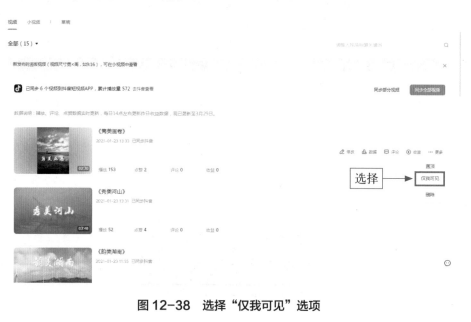

图 12-38　选择"仅我可见"选项

图 12-39　插入扩展链接

　　此外，运营者还可以通过参加平台活动来提高短视频的热度，增加作品内容的曝光量。同时，运营者也有机会获得活动奖金。运营者可以在西瓜创作平台选择参与活动，也可以在西瓜视频 App 中找到参与活动的入口。

　　那么，西瓜视频 App 参与活动的入口在哪儿呢？运营者可以在"创作中心"页面点击"活动广场"按钮，如图 12-40 所示；进入"活动广场"页面，在这里可以看到各种平台活动，选择自己想要参与的活动，如图 12-41 所示；进入活动详情页，点击"参与"按钮，如图 12-42 所示，根据要求上传或拍摄视频即可。

图 12-40　点击"活动广场"按钮

图 12-41　选择参与的活动

图 12-42　点击"参与"按钮